NHK趣味の園芸——よくわかる栽培12か月

モクレン、コブシの仲間

倉重祐二

趣味の園芸

目次

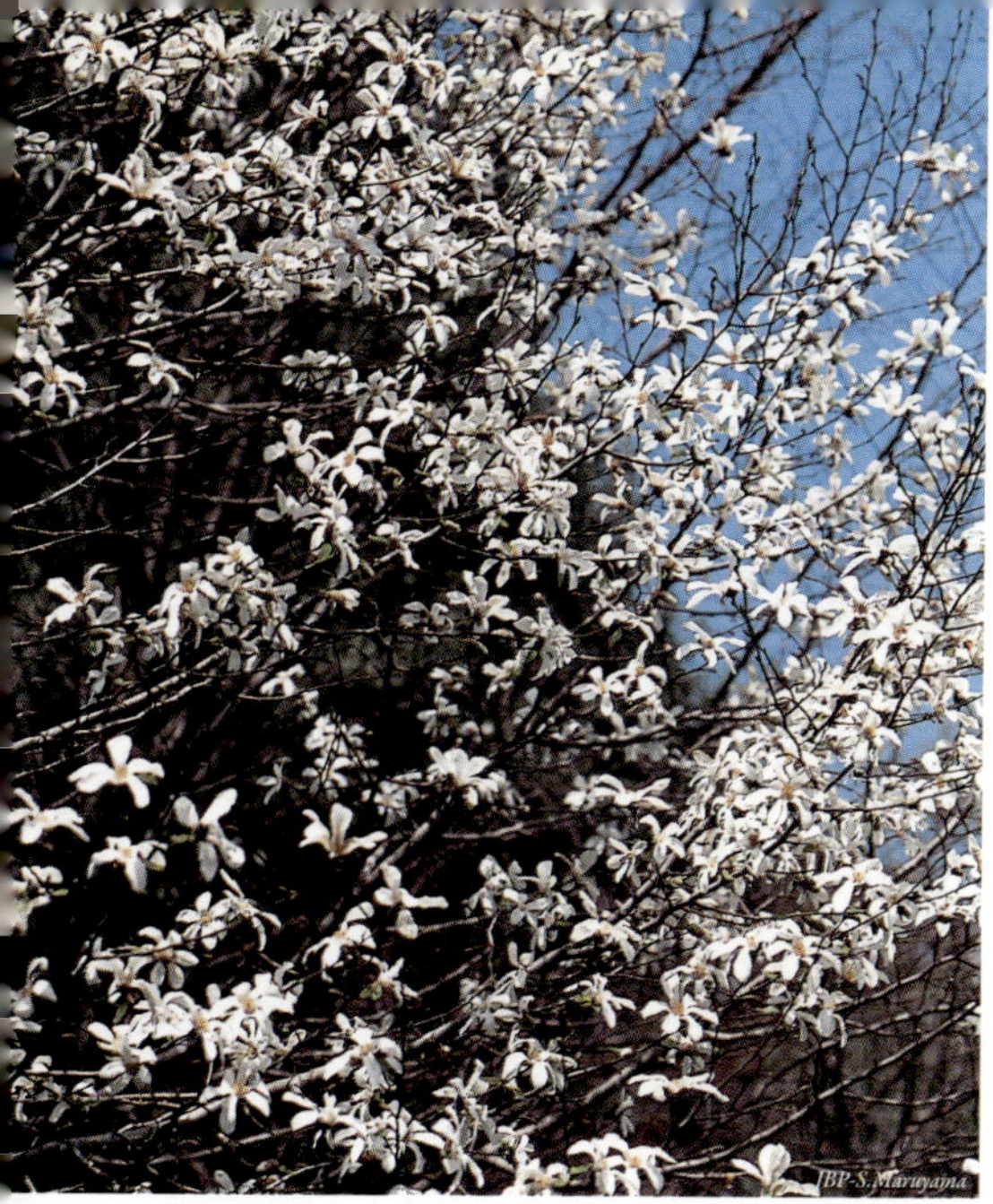

早春の里山を白く染め、農作業のはじまりを告げるといわれるコブシ。

Column

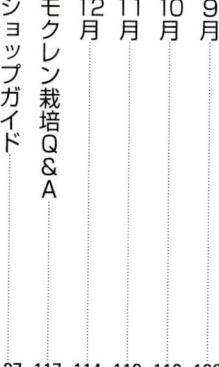

カラタネオガタマの園芸品種‘ポート・ワイン’。

本書の使い方

本書はモクレンの仲間の魅力や主な種類、品種の解説とともに、植えつけや剪定など、栽培･管理作業の基本をわかりやすく紹介しています。また、1月から12月に分けて、月ごとに栽培･管理を詳しく解説しています。

● **「モクレンの仲間とその魅力」**（5〜23ページ）では、日本の自生種、古くに渡来し、栽培されてきた種類や海外の主な種類など、モクレンの仲間の特徴や魅力を紹介し、あわせて、栽培や改良の歴史も取り上げました。また、庭園での利用の仕方や楽しみ方を解説しています。

● **「モクレン図鑑　注目の種類と品種」**（25〜44ページ）では、入手できる主なモクレンの仲間を個別に紹介しています。種類や品種選びの参考になるように、生育特性だけでなく、樹高や葉張り、樹形などもわかるようにしました。

● **「モクレンの仲間のある庭 モデルプラン」**（45〜51ページ）では、庭の大小などに合わせた種類や品種選びの参考にモデルプランを紹介しました。組み合わせる植物についても解説しています。

● **「上手に育てる栽培の基本」**（53〜71ページ）では、植えつけ、剪定、肥料について、プロセス写真やイラストで詳しく紹介しました。

● **「12か月の作業と管理」**（73〜116ページ）では、月ごとの作業と管理を、落葉種と常緑種に分けて紹介しました。

● **「モクレン栽培Q&A」**（117〜126ページ）では、よくある栽培上の質問に答えています。

＊開花期、樹高、葉張りなどについては、栽培環境やその年の気候などにより、変わるので、おおまかな目安を記しています。また、管理（置き場、水やり、肥料）についても、栽培環境、気候により、生育状態が変わるので、あくまで、植物の状態を見て加減してください。

モクレンの仲間とその魅力

モクレンといえば、早春の庭で輝くような真っ白い花が株を埋めるハクモクレン、あるいは暗赤紫色のシモクレンを思い浮かべるのではないでしょうか。

日本の里山には、コブシやタムシバ、ホオノキといった木々が見られます。常緑のタイサンボクやカラタネオガタマなど、ポピュラーな庭木もモクレンの仲間です。多彩な種類と数多くの品種があるモクレンの魅力を紹介します。

©JBP-H.Imai

個性と魅力あふれる多彩な種類と品種

４月下旬に福島県で見かけたコブシの古木。コブシの葉が青々としている。農作業もはじまり、山の雪は消えかかっている。

身近な植物、モクレンの仲間

春を告げるコブシ、タムシバ

落葉樹の葉が出ていない早春の野山に出かければ、コブシやタムシバの真っ白い花を見ることができます。

コブシは、古来、田の神様の依《よ》り代《しろ》とされ、春の田仕事のはじまりの時期を告げる花として知られてきました。コブシの名前は蕾の形、または果実の形が拳《こぶし》に似ていることに由来します。また、さくら（岩手・青森）、田打ちざくら（東北地方）、やまもくれん（日本の西部各地）など、数多くの地方名があり、日本人にとって

都会のモダンな住まいを飾るハクモクレン。ハクモクレンも中国から導入された。

ポピュラーな庭木として知られるシモクレン。中国からの渡来種。

はなじみの深い花木だったことがうかがえます。

庭園の人気者は渡来種
〜シモクレン、ハクモクレン、タイサンボク

一方、庭園に植えられ、観賞されてきたのは、10世紀に中国から渡来した暗赤紫色の花を咲かせるシモクレン（モクレン）や、江戸時代に中国から導入された香り高い大輪の白花を咲かせるハクモクレンでした。シモクレンの蕾は辛夷《しんい》という頭痛や鼻炎の薬として用いられてきたので、もともとは観賞用ではなく薬用植物として栽培されてきたと考えられます。また、初夏に甘い香りを漂わせる花を咲かせる常緑性のタイサンボクは、明治時代初期にアメリカから導入されました。

魅力はふくよかな大輪の花と風格ある樹形

観賞樹としてのモクレンの仲間の一番の魅力

は、なんといっても、ふくよかで花木のなかで最大級の花と風格のある樹形でしょう。庭木として栽培されることも多いハクモクレンの純白の大輪花が枝先に咲くさまは、まるで白いボールが宙に浮いているような迫力と美しさがあり、来《きた》る春を実感することができます。また、コブシやハクモクレンなどの落葉種は秋には美しい黄葉も楽しむことができます。

狭い庭園で楽しめる種類も数多い

モクレンやコブシは和風の庭に植えられることが多いのですが、欧米では春に欠かせない花木として植えられています。つまり、日本でも人気のイングリッシュガーデンなどの自然風の庭、洋風の庭にもマッチします。

屋久島のスギのウイルソン株*にも名の残るイギリスのプラントハンター、E・H・ウイルソンの言葉、「モクレンのように好まれ、高く評価される庭園樹はなく、またモクレンのように大きく、たくさんの花を咲かせるものもない」はモクレンの魅力を端的に表しています。

モクレンやコブシは好きだけど、大きくなるので庭が狭いから無理、と敬遠する人が少なくありません。しかし、じつは狭いスペースや鉢植えで楽しめる種類も多いのです。落葉種ではシデコブシやオオヤマレンゲ、また小型の園芸品種などが海外から導入され、販売されています。また、多少スペースがあれば、ピンクや黄色などさまざまな花色や花形の園芸品種を選ぶことができます。常緑種では、モクレンに似た花を咲かせる香りのよいオガタマノキの仲間があり、多少寒さに弱いものの、狭い庭や鉢植えで栽培できます。

＊屋久島に遺るスギの切り株で、豊臣秀吉の命により、大坂城築城のために伐採されたと伝えられる。

オオヤマレンゲの自生地。落葉樹林に育つ。

オオヤマレンゲ。大山（奈良県の大峰山）に咲く蓮華のような花という意味でこの名があるという。

ユキツバキとともに咲くタムシバ。日本に自生するモクレンの仲間で、純白の花が美しい。

野生種と自生地の環境

モクレン属は125種類、日本には６種類

モクレンは、モクレン科モクレン属の植物の総称です。モクレン属の学名および英名はマグノリア（*Magnolia*）なので、「マグノリア」と呼ぶこともあります。ちなみにマグノリアの名は、フランスのモンペリエ植物園の園長であったピエール・マグノル（Pierre Magnol　１６３８-１７１５）に由来します。

モクレン属は、落葉または常緑の低木から高木で、日本を含む東アジア、東南アジア、北アメリカ、中央アメリカなどに125種類が分布しています。

日本には、落葉種のコブシ、タムシバ、ホオノキ、オオヤマレンゲ、シデコブシ、コブシモドキの６種が自生しています。また、古く平安

時代に中国から渡来し、花弁の外側が暗赤紫色で内側が白色のシモクレン（モクレン＝木蓮、木蘭、中国名は辛夷）、中国原産で江戸時代中期に渡来した「玉蘭」と呼ばれる香りの高い白花を咲かせるハクモクレン、北アメリカ原産で明治時代に渡来した常緑樹で、初夏に香りの高い花を咲かせるタイサンボクなどが栽培されています。

欧米では、これらの種類以外にも、ネパールからブータン、中国南西部に自生し、モクレン属のなかで最大の花を咲かせるキャンベリイ（*M. campbellii*）や、黄色い花を咲かせるモクレンの交配親となったアクミナータ（*M. acuminata*＝キモクレン）などが栽培されます。

これらの野生種が交配されて、数多くの美しい園芸品種が生み出されました。

タムシバはコブシと間違えられやすい

本州から九州の主に日本海側に生えるタムシバは、コブシと間違えられることが多いのですが、花弁はコブシよりも幅が狭く、花の下には葉がつかないので簡単に見分けることができます。タムシバの葉は細長い披《ひ》針《しん》形でコブシよりも明らかに細く、裏面は灰白色です。葉や若い枝をもむと、すっとした香りが立ち、ニオイコブシとも呼ばれます。分布が限られるためか、庭園に植えられることはほとんどありません。

コブシは、開花と同時に葉が展開する。

タムシバの花。細い花弁が特徴で開花時に葉はない。

自生地は適度な湿り気のある明るい落葉樹林

モクレンの自生環境を知ることは、品種の選択や栽培上の重要なヒントになります。

日本を含めたアジアで広く植物を収集した前述のウイルソンは、「中国や日本、韓国ではモクレンは湿り気のある土壌の広葉落葉樹林で針葉樹が散在するようなところに生える。暑くなりすぎない、腐植質の多い土壌を好む」と書いています。これは日本に自生するモクレンの仲間でも同様です。私が訪れた自生地では、ほとんどの種類が、あまり高木の密度の高くない明るい森林内や林縁、また斜面地などに落葉樹とともに生えていました。土壌は、多くが水はけがよく、夏場でも極端に乾燥しない環境です。

このことから、植えつけ場所の広さ以外にも、水はけのよい場所で、乾燥しすぎないように育てるのが栽培のポイントだと思われます。

● モクレンの花、果実

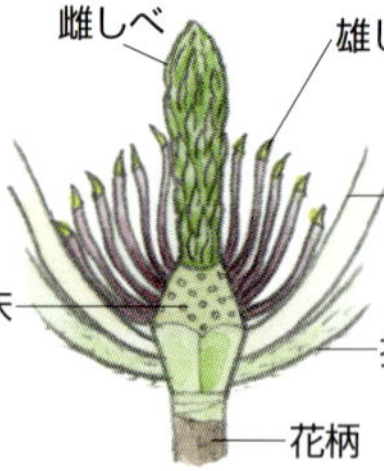

果実（集合袋果）

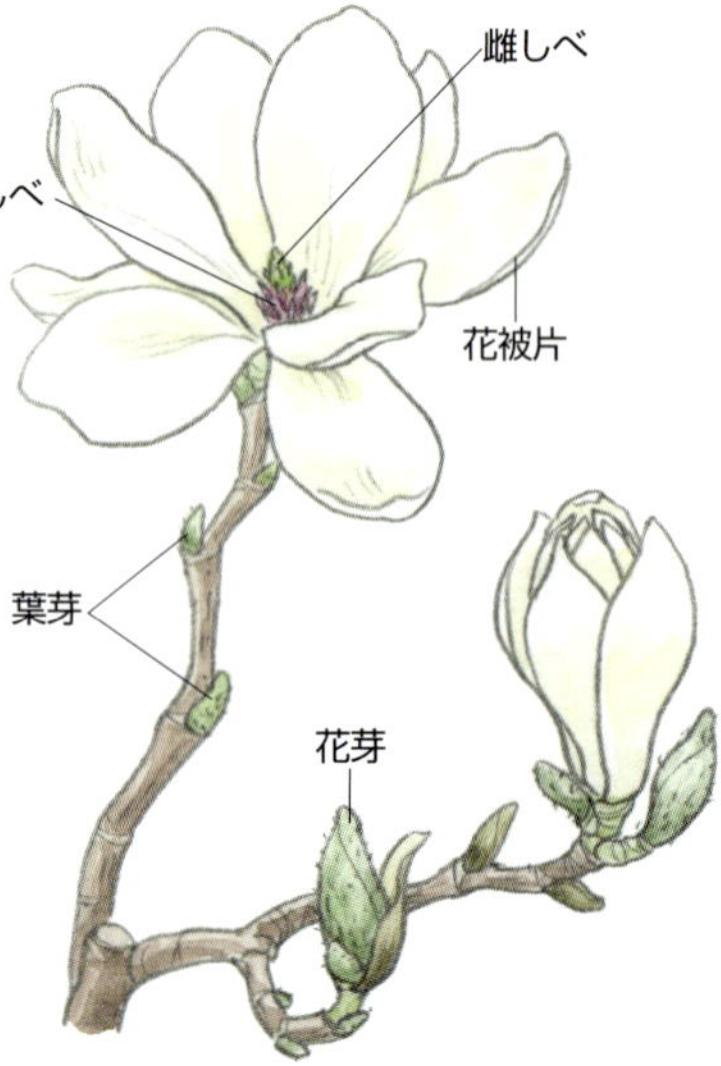

美しい花とおもしろい果実

1億年前にはすでに存在した植物

モクレン科は、花を咲かせる植物のなかでも非常に古い時代に成立したとされます。アジア、北アメリカ、ヨーロッパの第三紀*の地層からモクレンに似た植物化石が発見されたことから、1億年前には、現在のモクレンとほとんど同じ植物が存在したことがわかっています。この時代はハチやチョウ、ガが地球上に現れる前であり、甲虫によって花粉が運ばれていたため、花が大きく、花色が白またはピンクで、香りが強く、多くの花粉を出す特徴があったと考えられます。

花弁は3の倍数、ユニークな種子散布

モクレンの花の特徴は、雄しべと雌しべが多数あり、花床《かしょう》にらせん状につくことです。多数

＊第三紀　地質時代の名で、6500万年前から164万年前の間。

の雌しべは1本の柱状になり、花の中心に位置します。それを取り巻くように多数のへら形の雄しべがあり、葯《やく》の側面から花粉を出します。自家受粉を避けるために、雌しべが先に熟し、

サラサモクレンの花。花弁は９枚。中央に雌しべと雄しべがのぞく。

コブシの果実。種子がぶら下がるための珠柄がかすかに見える。

その後に雄しべから花粉が出ます。

また、モクレンの萼《がく》が花弁と区別がつかない形であることも、古い時代に成立した植物の特徴と考えられています。このため、花弁と萼を合わせて花被《かひ》、それぞれ一枚一枚を花被片《かひへん》と呼びます（本書では花被片を花弁と表記）。基本的にモクレンの花弁の数は3の倍数です。

果実は、花からは予想もつかないような形をしており、秋にこれがモクレンの果実だと気づかない人も多いと思います。モクレンの果実は集合袋果《しゅうごうたいか》と呼ばれ、形は変化がありますが、拳のような形で、熟すと背面で割れて、紅からオレンジ色の果実が現れます。袋果と果実は長く伸びた糸（珠柄《しゅへい》）でつながれて、長期間垂れ下がったままです。これは鳥に食われることによって、遠くに種子が散布される機会を高めるためだと考えられます。

栽培と改良の歴史

17世紀後期からヨーロッパで品種改良

日本にはモクレンの仲間が自生し、古くから生活に利用されるとともに、観賞樹としても栽培されてきました。野生種でも十分に美しいためか、近年まで品種改良はほとんど行われてきませんでした。大きくなる種類が多く、開花まで長い時間がかかることも品種改良が行われてこなかった一つの要因だと考えられます。

一方、ヨーロッパには数多くのモクレンの園芸品種を生み出してきた長い歴史があります。その導入と改良の歴史を追ってみましょう。

フランスで誕生、サラサモクレン

イギリスに最初にモクレンの仲間が導入されたのは１６８８年のことで、アメリカ原産のヒメタイサンボク（*M. virginiana*）でした。18世紀の終わりには、プラントハンターとして著名なジョセフ・バンクス卿によって、温帯アジアからの初のモクレンであるハクモクレンがイギリスに導入され、これがモクレンに対する興味を呼び起こしました。１７９０年には日本で栽培されていたシモクレンもイギリスに導入され、この２種が１８２０年にフランスのスーランジュ＝ボダン（E. Soulange-Bodin）によって交配され、初期のモクレンの園芸品種を代表するサラサモクレン（*M.* ×*soulangiana*：この組み合わせによる園芸品種の総称）が誕生しました。白から濃赤紫色まで、両種の中間的な色をもつすばらしい花が特徴で、開花期も両種の間と、園芸的に重要な形質をもっています。

サラサモクレンは、その後イギリスに渡り、多くの園芸品種が生み出されました。日本でも栽培されるニシキモクレンや‘アレクサンドリ

サラサモクレン。最初にフランスで作出された園芸品種。

シデコブシ。花弁数が多く、スター・マグノリアと呼ばれた。

ナ〟はこの組み合わせによる交配種です。

19世紀後半、日本のシデコブシが欧米へ

江戸時代に日本に滞在したケンペル、ツンベルグやシーボルトらの博物学者によって、日本にはサクラ、ツバキ、モミジ、ツツジ、アジサイなど観賞価値の高い植物が数多く自生することが紹介されていました。しかし、当時の輸出技術や鎖国によって、生きた植物を持ち出すことは困難でした。そして日本の開国後、欧米の博物学者、園芸家、種苗会社が来日し、数多くの植物が海外に渡りました。そのなかの一つが、花弁の数が12〜18枚と多く、スター・マグノリアと呼ばれたシデコブシです。イギリスではその栽培が熱望されていましたが、アメリカ経由で導入されたのは1877年のことでした。

20世紀半ばから、英米で華やかな品種が誕生

日本で人気の高い、スーザンやアンなどの女

ガールマグノリアの一品種
‘ピンキー’。

性名がつけられたガールマグノリアと呼ばれるグループ（De Vos and Kosar hybrids）は、１９５０年代にアメリカの国立樹木園でシデコブシとシモクレンの園芸品種を交配したものです。比較的小型で、遅咲きであるため、霜害を受けにくい特長があります。

　モクレンの女王と称される紅ピンクの大輪花を咲かせるキャンベリイは、19世紀半ばにイギリスに導入されました。このほかの多くのヒマラヤ産のモクレンが、著名なプラントハンターであるウイルソンやジョージ・フォレスト、フランク・キングドン＝ワードによって20世紀初期にイギリスに導入され、交配により数多くの園芸品種が生み出されました。

　アメリカ・カリフォルニア州のトッド・グレスハム（１９０９-１９６９）は、モクレンの品種改良で知られています。彼はキャンベリイとハクモクレンの交配種であるビーチイ（*M.*×*veitchii*）と、サラサモクレンやシモクレンを用いて、キャンベリイのような大輪で鮮やかなピンクや紅色で、若木から開花する新品種を作出するために数多くの交配を行いました。彼の代表的な品種で、１９６６年に品種登録された大輪白色の‘サヨナラ’は日本でも人気の高い名花です。アメリカの国立樹木園では長年にわたり品種改良に取り組み、先に述べたガールマグノリア以外にも‘ギャラクシー’などの優良な品種を作出しました。イギリスでは王立園芸協会のシャクナゲ、ツバキ、モクレン部会、アメリカでは国際マグノリア協会が現在も品種改良や展示会などを行い、世界のモクレンの品種改良をリードしています。

日本では埼玉県の中村隆之氏が、昭和40年代からモクレンの品種改良に取り組み、サラサモクレンの品種でふくよかな大輪の〝文珠〟〝福寿〟や、黄色いモクレンとして話題になった〝金寿〟を発表しました。

モクレンに近縁なオガタマノキやユリノキの仲間

甘い香りが魅力のオガタマノキの仲間

モクレン科は7属から構成されますが、モクレン属以外ではオガタマノキとユリノキの仲間が日本でも栽培されています。

モクレンの花芽。枝先につく。

カラタネオガタマの花芽。花は葉のつけ根（葉腋）につくことがわかる。

オガタマノキの仲間は約70種あり、中国、インド、スリランカ、東南アジアに分布します。近年のDNA分析による研究では、モクレンとオガタマノキはすべてモクレン属に含まれることが明らかとなっていますが、ここでは園芸上区別して扱うこととします。

両者の区別は容易で、モクレンの仲間は花が枝先にのみつきますが（頂《ちょう》生《せい》）、オガタマノキの仲間の花は1枝の複数の葉のつけ根（葉腋《ようえき》）に花をつけます（腋生《えきせい》）。

オガタマノキの仲間は、常緑または落葉の低木から高木です。日本にはモクレンを小さくしたような直径3㎝程度の花で、甘い香りがするオガタマノキが関東地方以西に自生します。古木では樹高10mを超えることがあります。また、バナナのような甘い香りのする、中国原産の黄クリーム色の花を咲かせるカラタネオガタマが古くから栽培されています。

ほかにも近年は中国からの数多くの野生種や、海外で作出された園芸品種が導入されています。寒さに比較的強い〝シルバー・クラウド〟やカラタネオガタマの園芸品種〝ポート・ワイン〟、中国名の「深山含笑《みやまがんしょう》」で販売されるマウディアエ（*Magnolia maudiae*）などがあります。

常緑性で、小型でかわいらしく、香りのよい花が数多く咲き、コンパクトな樹形を保てることからオガタマノキの仲間は鉢植えや庭木としても人気が高まっています。樹高は10年たっても3～4m程度で枝数も多く、剪定もできるため、ガーデニング材料としても最適です。寒さに多少弱いため、関東地方以西の暖地に向きますが、冬期は室内に入れることのできる鉢植えなら寒冷地でも栽培できます。

チューリップのような花を咲かせるユリノキ

ユリノキ属は、中国、ベトナム原産のシナユリノキと北アメリカ原産のユリノキの2種からなる落葉性の高木です。モクレン科のなかでは珍しく、葉が4～6裂します。日本では、葉形が半纏（はんてん）に似ているためハンテンボクとも呼ばれます。モミジのように深く切れ込んだ葉の先端がへこんでいるのが特徴で、プラタナスやフウなど、似た形の葉をもつほかの樹

ユリノキ。チューリップのような花を咲かせるため、英名チューリップ・ツリー。

マグノリア・マウディアエ。大輪の芳香のある花を咲かせる。

木とも容易に区別することができます。

日本にはユリノキが明治時代初期に導入され、街路樹として広く栽培されています。5～6月に黄緑色で基部がオレンジ色のチューリップのような形の花を咲かせるため、英名はチューリップ・ツリーです。樹高が高く、葉が出たあとに枝先に花が咲くので、花は意外に見過ごされがちです。しかし、秋に黄葉すると非常に美しく、街路樹として植栽されるのは、この美しさあってのことでしょう。成長が早く、樹高30mにもなるために家庭で栽培されることは少ないのですが、種子から育てて鉢植えにすれば、おもしろい葉形の観葉植物として楽しめます。また、‘オーレオマルギナータム’などの黄色の斑入り品種は、成長が比較的緩慢なので、広い庭のシンボルツリーとして適しています。

庭園での利用、楽しみ方

シンボルツリーに最適の存在感

小さな庭でも主役となるシンボルツリーがあれば、庭のイメージができ、草花や庭木、住まいもいっそう引き立ちます。シンボルツリーは、比較的大きくなる種類を植えることが多いのですが、存在感のある樹種を選べば小型でも十分に役目を果たしてくれます。この点、モクレンの仲間は、樹高にかかわらず、独特の存在感のあるハスの花のような美しい花を咲かせるので、シンボルツリーとして最適です。

シンボルツリーは庭の主役として長期間育てるので、植える前に以下のような点をチェックしましょう。モクレンの仲間は根が粗く、細根が少ないので成木の移植は困難です。将来の大きさを考えて植え場所を選ぶことも肝要です。

品種選びの前に、これだけは調べよう

❶木の大きさ

花木のなかで最大級の花と、整然とした円錐形や楕円形の樹形を楽しむモクレンですが、大型品種は、直径が10m以上の植栽スペースが必要です。一般家庭では、中型から鉢でも栽培できる小型の品種が適しています。

●大型＝広い庭園に適する

樹高10m以上になり、剪定で小さく保つことが難しく、広い場所が必要。

主な種類／ホオノキ、タイサンボク（矮性品種を除く）、ユリノキなど。

●中型＝剪定でコンパクトに維持。鉢栽培可能

樹高5～6m程度で、本来広い場所を必要とするが、剪定によってある程度小さく保てる。鉢栽培は苗木を植えて4～5年は楽しめるが、最終的には庭植えにする必要がある。

サラサモクレンの咲く早春の庭園。スイセンやムスカリなど球根草花との相性は抜群。

主な種類／ハクモクレン、コブシ、タムシバ、サラサモクレンなどほとんどの園芸品種。

●小・中型＝狭いスペース、鉢栽培に

樹高3m程度。狭い場所や鉢栽培に適する。

主な種類／ガールマグノリア、シデコブシ、オオヤマレンゲ、タイサンボク、'リトル・ジェム'、ヒメタイサンボク、シモクレンなど。

②落葉性と常緑性

タイサンボクやほとんどのオガタマノキの仲間は常緑性で、そのほかの種類は落葉性です。

小さなスペースでも楽しめるシデコブシ。擁壁の前のわずかなスペースを生かす。

常緑性種は多少寒さに弱く、また積雪地では雪害で枝が折れることがあるので、関東地方以西の暖地での栽培が適しています。

③開花期と霜害

早春に開花するハクモクレンやコブシなどは遅霜の被害を受けやすい特徴があります。特に白色の花は、霜に当たるとせっかく咲いた花が1日で茶色に変色します。品種を選択するときには、お住まいの地域でどんな種類のモクレンが植えられているのか、また、霜害を受けていないか

● 開花期の目安（東京都基準、年により変動あり）

3月中旬～下旬	ハクモクレン
3月中旬～4月上旬	コブシ、シデコブシ、ガールマグノリア、サラサモクレンの園芸品種
3月中旬～4月下旬	シモクレン
5月上旬～中旬	ホオノキ
5月中旬～下旬	オオヤマレンゲ
6月上旬～下旬	タイサンボク

マグノリア・アクミナータを交配親にした黄花の園芸品種‘エリザベス’。中型種で剪定でコンパクトに保てる。

庭の一角に植えられたモクレンの園芸品種。葉に先立ち、ピンク色の花が株を埋めるように咲いている。

を観察することも重要です。

4 花の香り

多くのモクレンは芳香があります。ただし、木が大きくなるものが多いため、どの種類も観賞時に花の強い香りが漂うわけではありません。しかし、ハクモクレンやホオノキは香りが強く、特に気温の高くなる初夏に咲くタイサンボクは庭中に香りが漂います。オガタマノキの仲間も庭で強い芳香を楽しむことができます。

5 適地と育てやすさ

ほとんどのモクレンの仲間は日当たり、水はけがよく、適度な湿り気のある土壌を好みます（58ページ参照）。ただし、暑さに弱いオオヤマレンゲは西日が当たらず、夏は午後には半日陰になるような場所が適しています。常緑性のタイサンボクやオガタマノキは、西日や冬期の冷たい乾風が当たらない場所が適します。

絶滅の危機に瀕した日本のモクレンの仲間

日本には約７０００種類（亜種および変種を含む）の維管束植物（種子植物・シダ植物）が自生していますが、そのうち、１７７９種もの植物が絶滅の危機に瀕しています（２０１２年　環境省）。この数字には含まれない、すでに絶滅した植物も42種あり、また準絶滅危惧種が297種、情報不足が３種と、何らかの形で保全が必要である種は２０００を超えています。

モクレンの仲間では、１９４８年に徳島県で１本のみが発見されたコブシモドキ（*Magnolia pseudokobus*）は、１９８３年の調査時にはすでに絶滅していました。しかし、地域の植物研究家によって増殖されており、幸いにも完全な絶滅は免れました。コブシモドキはコブシに似た花を咲かせますが、３倍体（染色体数が通常の２倍体の個体と、通常の２倍ある４倍体の個体の交雑によってできる）であるため、種子ができません。片親は似た形質のコブシだと思われますが、四国にはコブシの自生がないため、その成立は謎に包まれています。

コブシモドキ。大ぶりの美しい花が咲く。

モクレン図鑑

―注目の種類と品種―

数多いモクレンの仲間から、魅力的な野生種や交配親として重要な役割を果たした野生種、その園芸品種を取り上げました。庭や鉢で栽培したいおすすめの種類も選りすぐって紹介しています。

＊樹高、葉張り、樹形は植えつけ後8～10年の成木を目安としています。地域や栽培環境によって、生育状態は大きく変わるので、数値はあくまで品種選びの参考としてご利用ください。

＊種類により、入手しにくいものも若干含まれています。

華やかさのなかに可憐な趣を秘めたサラサモクレンの一品種。

コブシ *Magnolia kobus*

樹形／楕円形

落葉●中型種（樹高5×葉張り4m）●開花期／3月中旬～4月上旬

北海道から九州、および韓国に分布。自生する古木では樹高10mを超えることがある。古くから本種の開花が春の農作業開始の目安とされてきた。出葉に先立って花径約10cmの白色6弁の花を枝先に咲かせる。花の下に小型の葉が1枚つくので、ハクモクレンやタムシバと区別できる（11、93ページ参照）。清楚な花が愛され、庭木としても栽培され、園芸品種の交配親としても利用される。

タムシバ *M. salicifolia*

落葉●中型種（樹高5×葉張り3m）●開花期／3月中旬～4月上旬

本州から九州の主に日本海側に分布。コブシよりも樹高は低く、株立ちになることも多い。葉は細長く、もむとすっとした香りが立ち、かむと甘い。出葉に先立って芳香のある白色6弁の花を咲かせる。コブシと比べると栽培は少ないが、葉裏が灰白色で美しく、観賞価値が高い。海外では園芸品種の交配親としても利用される。

樹形／楕円形

ホオノキ *M. obovata*

落葉●大型種（樹高10×葉張り8m）●開花期／5月上・中旬

北海道から九州に分布。ときに樹高30mにもなり、遠くからでも花の時期はひときわ目をひく。葉が出てから咲く花は花径15cm程度と大きく、甘く香る。葉の長さは30cm以上になる。材が下駄の歯や葉が朴葉味噌に利用される。成長が早く、剪定で小さくすることが難しいので、植物園や公園などの広い場所での栽培に適する。

樹形／円錐形

オオヤマレンゲ
M. sieboldii subsp. *japonica*

落葉●小型種（樹高3×葉張り2m）●開花期／5月中・下旬

本州から九州、韓国、中国に分布。栽培下では樹高 3m ほどと手ごろな大きさで、うつむきかげんに咲く花は人気が高い。夏期冷涼な山地の樹林下に自生するため、暑さと乾燥を嫌う。鉢でも栽培可能。海外では交配親として多用される。

オオバオオヤマレンゲ。雄しべの葯の色が赤紫色でよく目立つ。

日本原産のオオヤマレンゲの基準亜種*は、韓国や中国に分布するオオバオオヤマレンゲ（*M. sieboldii* subsp. *sieboldii*）で、オオヤマレンゲよりも葉が大きく、雄しべの葯の色が異なる。日本でオオヤマレンゲの名で販売されるのは、ほとんどがオオバオオヤマレンゲである。オオヤマレンゲの雄しべが肉色（9ページ参照）なのに対して、オオバオオヤマレンゲは濃い赤紫色で、白色の花弁との対比が美しく、好まれる。

樹形／株立ち

＊基準亜種　基準とされる個体を保存した標本が含まれる亜種。亜種は種の下の階級でsubspeciesまたは省略形のsubsp.、ssp.で表される。

花弁数の多い美しい花、白色のシデコブシ。

シデコブシ *M. stellata*

落葉●小型種（樹高3×葉張り2m）●開花期／3月中旬〜4月上旬

樹形／株立ち

本州の東海地方にのみ自生する。栽培下では樹高3mほどになり、株立ちになる。花弁は12〜18枚と多く、花色は白色から薄ピンク、薄紫色まで変異があり、出葉に先立って開花する。株が小型で花も美しいことから、数多くの園芸品種が作出され、近年日本でも人気が高い。庭木としてはもちろん、鉢植えでも栽培できる。日当たりがよく湿り気のある場所で育てるとよい。

シデコブシは準絶滅危惧種

シデコブシは愛知、岐阜、三重の三県にのみ分布し、環境省のカテゴリーで準絶滅危惧種に指定されている。湧水のあるような山の湿った斜面地や小川の土手などに生えるが、開発や造成地の増加、高木層の発達により日光が入らなくなるなどの原因で減少した。しかし、地元の保護団体の活動により、絶滅が食い止められている。

＊日本の自生種の学名は、「BG Plants 和名－学名インデックス」（YList）に準拠しています。

古くから栽培される海外のモクレン

ふくよかで真っ白な花が株を埋めるように咲く。

ハクモクレン *Magnolia denudata*

落葉●中型種（樹高5×葉張り4m）●開花期／3月中・下旬

樹形／楕円形

中国東部原産。江戸時代中期に渡来。庭園や公園などで広く栽培され、最も知られているモクレンの代表種。幅広い花弁が9枚からなるふくよかな白色の花を春一番に咲かせる。単にモクレンといえば本種を指すことが多い。剪定である程度の大きさに保つことはできるが、古木では樹高10m以上になるので、長期の鉢栽培は難しい。

タイサンボク
M. grandiflora

常緑●大型種（樹高10×葉張り10m）●開花期／6月

北アメリカ南東部原産で明治時代に渡来した。花の少ない初夏に香りの強い花径 20cm 程度の大輪の花を咲かせる。花は次々に咲くが、2日の寿命で、2日目は広く開いて散る。大きく育つため、広い庭や公園などに植栽される。常緑性種のなかでは寒さに強く、東北地方南部まで栽培が可能。しかし、雪で幹や枝が折れるため、積雪地での栽培には適さない。庭植えに適した小型の園芸品種に‘リトル・ジェム’がある（33 ページ）。

樹形／円錐形

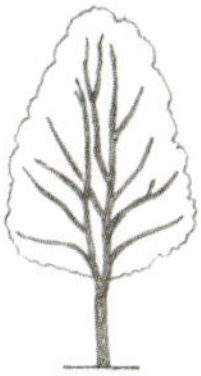

春の花木としてポピュラーなシモクレン。ハナモモなどとともに咲く。

花弁の内側が白っぽい園芸品種‘ニグラ’。

シモクレン（モクレン） *M. liliiflora*

落葉●小型種（樹高3×葉張り2.5m）●開花期／3月中旬～4月下旬

樹形／円形

中国原産で古く平安時代に渡来した。樹高は3m程度。葉が展開する時期に暗赤紫色の花を長く咲かせる。花弁は6枚で、ほとんど開かない。かつては単にモクレンと呼ばれていたが、ハクモクレンの普及にともない、シモクレンと呼ばれるようになった。花の内側は外側と同じ紅紫色であるが、栽培されるのはより株が小型で、花の内側が白色の園芸品種‘ニグラ’が多い。庭木として栽培するのがおすすめ。鉢植えは長期間の維持は難しい。

海外の野生種

キモクレンの選抜種で花弁は緑がかる。

キモクレン

Magnolia acuminata

落葉●大型種（樹高10×葉張り8m）●開花期／3月中旬～4月上旬

北アメリカ東部からカナダに分布。成長が早く、ときに樹高30mに達する。モクレンでは珍しい黄花だが、若木のうちは花が咲きにくく、葉の展開と同時期に咲くため黄色い花が目立ちにくい。黄花の交配親として数多くの園芸品種を生み出した。

樹形／円錐形

サルゲンチアナ・ロブスタ

M. sargentiana var. *robusta*

落葉●大型種（樹高8×葉張り8m）●開花期／3月下旬～4月上旬

中国四川省に自生。花弁数12枚、花径30cmで花つきがよい。花色は淡ピンクから紫がかるピンクまで、ハーブのような香りがある。花が美しく、多花性であるため交配親としても利用される。

樹形／円形

キャンベリイ *M. campbellii*

落葉●大型種（樹高7×葉張り5m）●開花期／3月中旬～4月上旬

ネパール、ブータン、中国に分布。花色は白から紅紫まで変異に富むが、多くは外側が紫がかる紅色で内側はピンク。花形は盃状で花径20cm以上、開ききるとスイレン形になる。日本ではほとんど栽培されないが、海外では交配親に利用され、数多くの名花を生み出してきた。

樹形／楕円形

葉に隠れるようにかわいらしい花が咲く。

トキワレンゲ

M. coco

常緑●小型種（樹高2×葉張り1m）●開花期／6〜9月

中国広東省原産で樹高2〜3m。寒さに弱いために温室で栽培される。花は小さく、夜に開花する一日花であるが、香りが非常に強い。

樹形／円錐形

ヒメタイサンボク

M. virginiana

常緑●小型種（樹高3×葉張り3m）●開花期／6月

北アメリカ東部原産で、年数がたつと樹高8m程度になるが、寒冷地では落葉する。花は甘い香りのクリーム白色で花径10cm程度。タイサンボクは非常に大きくなるが、似た形態で小型であるため、日本でも栽培される。

樹形／円形

シーボルディー・シネンシス

M. sieboldii subsp. *sinensis*

落葉●小型種（樹高2×葉張り2m）●開花期／5月

中国四川省に分布。オオヤマレンゲの近縁種。分類学者によっては、同種とすることもある。9〜12枚の白い花弁と赤い雄しべの対比が美しい。花はオオヤマレンゲよりも下垂して咲き、花径8cmとやや大きい。葉裏には微細な毛がびっしりと生える。暑さと乾燥を避ける。鉢栽培も可能。日本での栽培は少ない。

樹形／株立ち

タイサンボクの園芸品種

常緑性で、香りの強い花を初夏に咲かせる。濃い緑の葉の裏面はさび色の毛に覆われ、花のない時期でも観賞できる。小型の品種を選ぶことで、鉢植えや狭いスペースでも栽培できる。

‘リトル・ジェム’

Magnolia grandiflora ‘Little Gem’

常緑●中型種（樹高5×葉張り4m）●開花期／5～6月

小型の選抜品種で、生育が遅く、15年で4mほどの樹高にしかならない。タイサンボクは実生から開花まで20年を要するといわれるが、本品種は若木のうちから花をつける。花は白色で、香りも強い。葉は光沢のある濃緑色で、裏面はさび色の毛に覆われて美しい。

樹形／円錐形

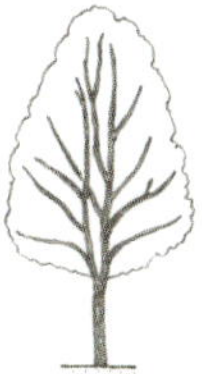

ホソバタイサンボク

M. grandiflora ‘Exmouth’

常緑●大型種（樹高8×葉張り8m）●開花期／5～6月

やや小型の選抜品種で、生育が遅い。通常のタイサンボクの花弁は9枚程度であるが、本品種は18枚になる場合がある。若木のうちから花を咲かせる。ほかの特徴はタイサンボクに準じるため、栽培には広い場所が必要。

樹形／円錐形

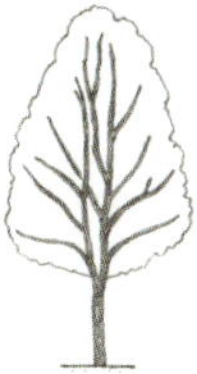

ガールマグノリア
(De Vos and Kosar hybrids)

落葉●小型種(樹高3×葉張り2.5m)●開花期／4月

アメリカの国立樹木園でシデコブシとシモクレンの園芸品種を交配した品種群。比較的小型で、狭いスペースでも栽培でき、遅咲きであるため、霜害を受けにくい。

樹形／円形

‘アン’ *M.* ‘Ann’

株は直立性で花径10cm程度の赤紫色の花を咲かせる。

‘ベティー’ *M.* ‘Betty’

生育旺盛。大輪で外側が赤紫色、内側が白色の花を咲かせる。

‘スーザン’ *M.* ‘Susan’

赤紫色の花で、花弁がねじれたように咲く。

JBP-S.Maruyama

サラサモクレン

(*M.* × *soulangeana*)

落葉●中型種（樹高5×葉張り4m）
●開花期／4月

ハクモクレンとシモクレンの交配による品種群。花色は白から濃赤紫色まであり、開花期も両種の中間である。日本で栽培されるモクレンの園芸品種の多くがこの品種群に属する。育てやすく、花も見ごたえがある。

樹形／楕円形

‘アレクサンドリナ’

M. × *soulangeana* ‘Alexandrina’

1831年にパリで作出された。長い栽培史のなかで同じ品種名をもつ類似の品種との区別がつかなくなっている。香りがよく、白地に紅紫色が入る外側と内側の白色の対比が美しい。

JBP-S.Maruyama

‘福寿’

M. × *soulangeana* ‘Fukuju’

日本を代表するモクレンの育種家であった故中村隆之氏が作出。‘アレクサンドリナ’よりも濃い紅色でボール状のふくよかな花形が特徴。育てやすく、花つきもよい。

J.Gardiner

‘ピクチャー’

M. × *soulangeana* ‘Picture’

著名な園芸家、和田弘一郎氏によって1930年に金沢で発見された品種。イギリスに送られ、この名がついた。花径約30cm、白地に紅色が入る。イギリスのピッカーズ・マグノリア・ガーデンでは本種を交配親に、‘ピッカーズ・ルビー’などの品種を作出している。

シデコブシの園芸品種

落葉●小型種（樹高2.5×葉張り2m）●開花期／3月下旬〜4月上旬

日本原産のシデコブシの園芸品種で、小型で育てやすく、花色も白からピンク、紫色まで変化があり、鉢植えや狭い庭でも利用できる。

樹形／株立ち

‘ウォーター・リリー’

M. stellata ‘Water Lily’

日本で選抜された白花の品種で、オランダからヨーロッパに広まった。日本でも庭園樹として栽培される。本品種名で栽培されるものには、数系統あり、アメリカで選抜された花弁数20〜30枚以上の‘ウォーターリリー’（*M. stellata* ‘Waterlily’）も栽培される。開花はシデコブシより1週間程度遅い。

‘ロイヤル・スター’

M. stellata ‘Royal Star’

ピンクの蕾で、開くと白色に退色する。生育旺盛で、花弁数25〜30枚の大輪の花を咲かせる。

オオヤマレンゲの園芸品種

落葉●小型〜中型種（樹高2〜3×葉張り2〜3m）●開花期／5〜6月

鉢植えもでき、庭木としても使いやすい。9枚の花弁がハスの花のように抱え咲きになり、うつむきかげんに咲く花が清楚で、人気が高い。栽培されるのは、ほとんどがオオバオオヤマレンゲ。午前中日の当たるような場所で、夏期に土壌を極端に乾燥させないようにする。

樹形／株立ち

‘ミチコレンゲ’

M. sieboldii ‘Michiko Renge’

オオヤマレンゲの八重咲き品種。樹高、葉張りとも2m程度。販売されているものには写真のオオバオオヤマレンゲの八重咲きもあるようだ。

花が上向きに咲く。

ウケザキ
オオヤマレンゲ

M. × *wieseneri*

ホオノキとオオヤマレンゲの交配種で、樹高、葉張りとも3m程度。両種の中間の形をした強く香る花が上向きに開花する。日本で19世紀またはそれ以前に作出されたと考えられている。樹高は20年育てても5mほどであり、庭植えに適している。

‘金寿’

M. acuminata ‘Kinju’

落葉●中型種（樹高5×葉張り4m）●開花期／4月

中村隆之氏作出のキモクレンの選抜品種。黄花モクレンとして話題になった。外側の花弁は緑がかる。出葉と同時期に開花。若木のうちから花をつける。

樹形／楕円形

‘イエロー・バード’

M. × *brooklynensis* ‘Yellow Bird’

落葉●中型種（樹高5×葉張り4m）●開花期／4月

キモクレンとシモクレンの交配種。ニューヨークのブルックリン植物園で作出。花弁数6枚、長さ約10cm。花形は、ほとんど開かないチューリップ形。出葉と同時に徐々に開花し、２週間ほど観賞できる。

樹形／円錐形

‘バルカン’

M. ‘Vulcan’

落葉●中型種（樹高5×葉張り4m）●開花期／4月

キャンベリイとシモクレンの交配種、ニュージーランドで作出。生育旺盛で若木のうちから開花し、鮮やかな濃赤紅色の花が印象的。

樹形／楕円形

ふっくらとした大輪の花。花弁の基部に紅色が入る。

‘サヨナラ’ *M.* ‘Sayonara’

樹形／楕円形

落葉●中型種（樹高5×葉張り4m）●開花期／4月

アメリカの育種家グレスハム氏作出の名花。日本で栽培されるモクレンのなかでは最も花が大きく、花径30cmに達する。キャンベリイの血を引くふくよかな花形で、白色の花の基部は紅色。広い場所での栽培に適する。

‘スター・ウォーズ’

M. ‘Star Wars’

落葉●中型種（樹高5×葉張り3m）●開花期／3月下旬〜4月

1970年代にニュージーランドで作出。キャンベリイとシモクレンの交配種。紅紫色の花は花弁数12枚、花径25cm。花期の長さが特徴、イギリスでは4〜8週間も開花するという。

樹形／円錐形

ブラック・チューリップ

M. Black Tulip='Jurmag1'

落葉●中型種（樹高5×葉張り4m）●開花期／3〜4月

ニュージーランドで育成された最新品種で、'バルカン'を交配親にしている。盃状のチューリップのような花形で、花色は'バルカン'よりも濃い紫がかった赤。

樹形／楕円形

キャンベリイ'チャールズ・ラッフィル'

M. campbellii 'Charles Raffill'

落葉●大型種（樹高7×葉張り5m）●開花期／3〜4月

キャンベリイとその変種モリコマタ(subsp. *mollicomata*)の交配による古典的な名花。花径25cm。蕾は濃紅色で咲き始めるとピンクに変化。花弁の内側は白に近いピンク。外側の花弁が広く開き、内側がほとんど開かない花形は「カップ＆ソーサー」と呼ばれ、外側と内側の花弁の色の違いをいっそう引き立てる。日本での栽培はまれ。

樹形／楕円形

オガタマノキの仲間

中国原産のオガタマノキの仲間は、近年北アメリカに数多く導入され、栽培が広がるとともに、数々の園芸品種が作出されている。日本にも導入され始めており、耐寒性や栽培特性などについては未知な部分もあるが、花は香りがよく、また高木になる種であっても、若木のうちから花を咲かせるものが多いために、今後の普及が期待される。

カラタネオガタマ

M. figo

常緑●小型種（樹高2×葉張り1.5m）●開花期／4月下旬～5月

中国南部原産、江戸時代に渡来した。花は小輪の黄色みを帯びた白色で、強いバナナのような香りがある。樹形も自然にまとまり、光沢のある濃緑色の葉が美しい。関東地方でも凍害を受けることがあるので、暖地の寒風の当たらない場所での庭植えや鉢植えに適する。近年、花色の異なった園芸品種が栽培される。

樹形／円錐形

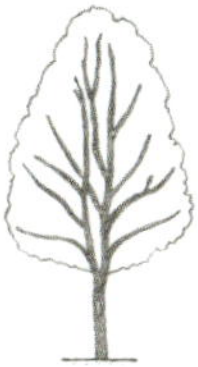

オガタマノキ *Magnolia compressa*

常緑●小型種（樹高3×葉張り2m）●開花期／2月上旬～4月下旬

本州（関東地方以西の太平洋側）、四国、九州、沖縄から台湾、フィリピンに分布。古木では樹高15mに達することも。花は花径3cm、黄色みを帯びた白色で、葉腋に多数つき、香りがよい。オガタマは招霊（おぎたま）の意で、神木として神社に植えられることが多い。関東地方以西の暖地に適する。苗木は鉢植えも可。

樹形／円錐形

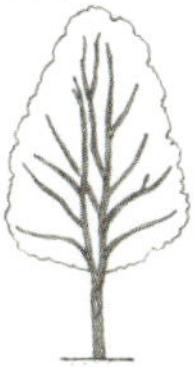

カラタネオガタマ ‘ポート・ワイン’

M. figo ‘Port Wine’

常緑●小型種（樹高2×葉張り1.5m）●開花期／4月下旬〜5月

日本で作出された園芸品種。花色は赤紫色で、外側はクリーム色。カラタネオガタマに比べて、全体に小ぶりで、花つきもややまばらである。栽培はカラタネオガタマに準じる。

樹形／円錐形

ウンナンオガタマ

M. yunnanensis (laevifolia)

常緑●小型種（樹高1.5×葉張り1m）●開花期／5月

中国雲南省からベトナムに分布。花は白色で、平開する。花つきがよく、スッキリとした甘い香りがする。樹高は1.5m程度。比較的寒さに強く、関東地方以西で庭木として栽培できる。近年アメリカで数多くの園芸品種が作出されている。

樹形／円錐形

カラタネオガタマ ‘パープル・クイーン’

M. figo ‘Purple Queen’

常緑●小型種（樹高2×葉張り1.5m）●開花期／4月下旬〜5月

濃い赤茶色の花を咲かせる、日本で作出された園芸品種。栽培はカラタネオガタマに準じる。

樹形／円錐形

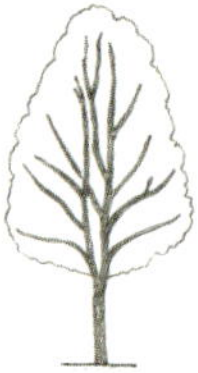

マウディアエ *M. maudiae*

樹形／円錐形

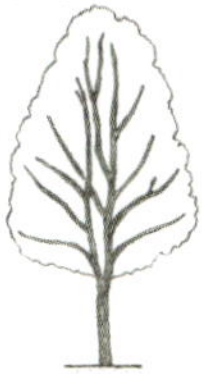

常緑●小型種(樹高3×葉張り3m)●開花期／3月下旬〜4月

中国原産で中国名の深山含笑(みやまがんしょう)の名で販売される。自生地では樹高20mに達するが、若木のうちから開花するので、鉢植えや狭い庭でも栽培できる。白色の花はオガタマノキの仲間では大輪で花径10cm以上、甘い香りがする。花弁が9枚あるために、八重咲きのように見える。

ギョクラン *M. × alba*

常緑●小型種(樹高2×葉張り2m)●開花期／3月下旬〜4月

インドネシアの園芸品種。別名ギンコウボク。現地では樹高15mに達するが、鉢栽培で若木のうちからよく開花する。花弁数12枚で非常に細く、香りが強い。結実しない。枝が伸びやすいので剪定で樹形を整える。冬越しには最低5℃以上が必要。沖縄では庭木、関東地方以西の暖地では鉢植えにし、室内で冬越しさせる。さし木やつぎ木でふやす。沖縄では、マレー半島原産の黄花で香りのよいキンコウボク(*M. champaca*)も栽培される。

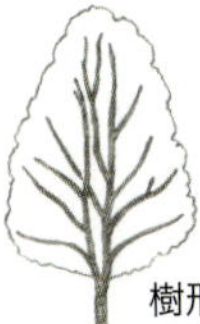

樹形／円錐形

ユリノキの仲間

中国原産のシナユリノキと北アメリカのユリノキの2種からなる小さなグループ（属）。花がチューリップのような形であるため、英名はチューリップ・ツリー。日本では葉の形が逆さに見ると半纏（はんてん）に似るためハンテンボクとも呼ばれる。日本で栽培されるのは、北アメリカ原産のユリノキ。

ユリノキ *Liriodendron tulipifera*

落葉●大型種（樹高10×葉張り7m）●開花期／5〜6月

年数がたつと樹高30mになり、公園や街路樹に植栽される。緑がかった黄色で下部がオレンジ紅色のチューリップのような花を咲かせるが、木が大きく、葉の陰になって目立たない。黄葉が美しい。

樹形／円柱形

ユリノキ‘オーレオマルギナータム’

L. tulipifera ‘Aureomarginatum’

落葉●大型種（樹高7×葉張り5m）●開花期／5〜6月

ユリノキの斑入り品種で、樹高は20年で15mほどの高さになる。葉はクリーム色の不規則な覆輪で、夏には黄緑色に変化して美しい。

樹形／円柱形

シナユリノキ *L. chinense*

落葉●中型種（樹高5×葉張り3m）●開花期／5〜6月

中国、ベトナム原産で樹高15mになる。樹形は直立性で、花は小さく緑色のチューリップ形、葉はユリノキよりも深く切れ込む。ほとんど栽培されない。

樹形／円柱形

モクレンの仲間のある庭 モデルプラン

モクレンをシンボルツリーにした庭のモデルプランを紹介します。

モクレンが咲く早春の庭園。株元をスイセンやムスカリなど、球根草花が彩り、華やかな雰囲気を醸し出す。

Y.Kurashige

1 広い庭～中型種をシンボルツリーに

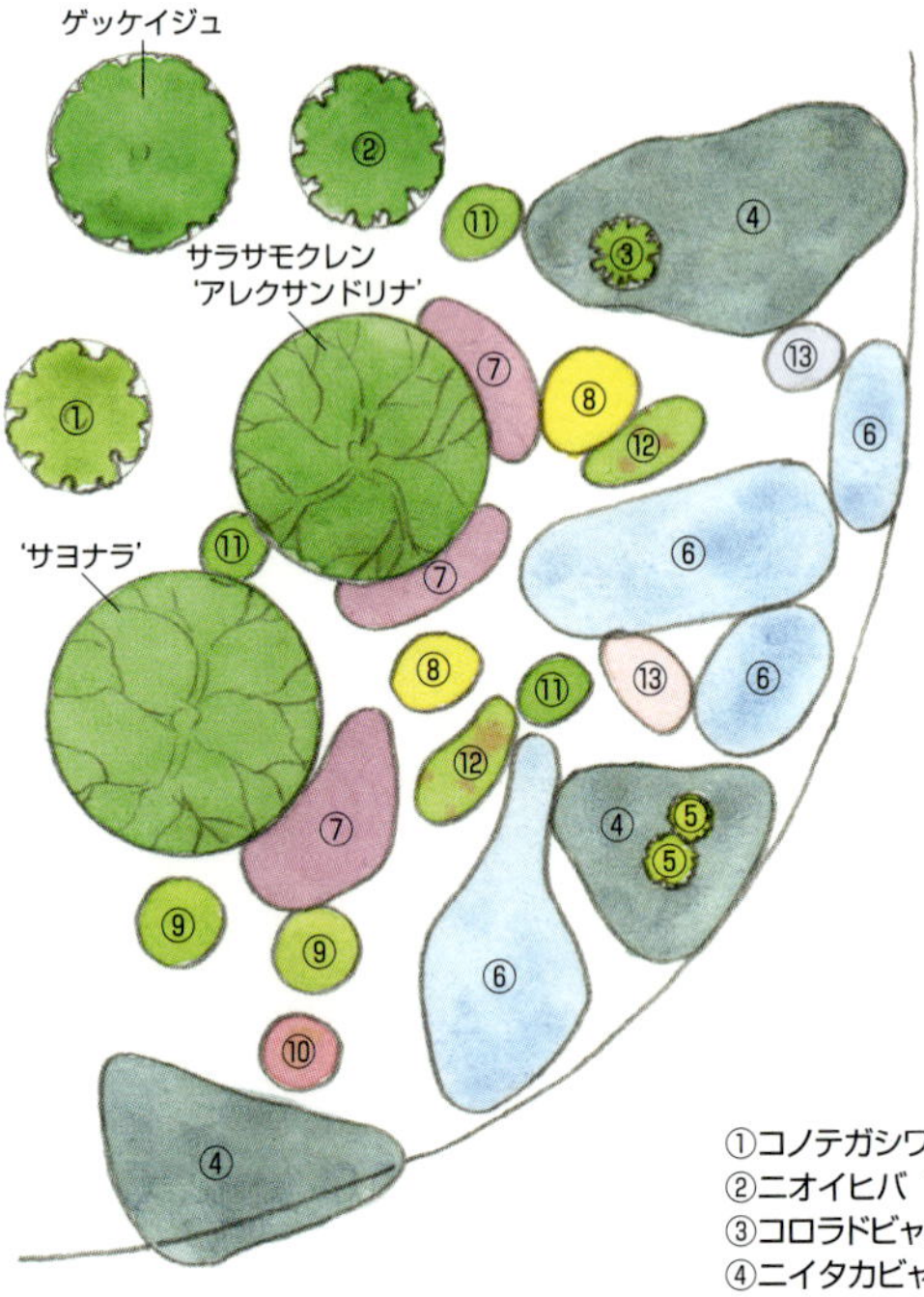

10年で樹高が5mほどに育つ中型のコブシやサラサモクレン、そのほかのほとんどの園芸品種をのびのびと育てて、シンボルツリーとしてモクレン本来の美しさや迫力を楽しめます。

樹形にもよりますが、サラサモクレンであれば、直径5mほどのスペースが必要です。

①コノテガシワ 'エレガンティシマ'
②ニオイヒバ 'グリーン・コーン'
③コロラドビャクシン 'スカイロケット'
④ニイタカビャクシン 'ブルー・カーペット'
またはセイヨウネズ 'グリーン・カーペット'
⑤ニオイヒバ 'ラインゴールド'
⑥ムスカリ、スイセン 'テータテート' など
小球根の混植
⑦クリスマスローズ
⑧アイノコレンギョウ 'リンウッド'
⑨エニシダ
⑩ニワウメ
⑪アメリカノリノキ 'アナベル'
⑫シモツケ 'ゴールドフレーム'
⑬ユキヤナギ、ユキヤナギ 'フジノ・ピンキー'

■植栽のポイント

●根の上には植物を植えない

モクレンの根付近に植物を植えると、管理上、モクレンの根が切れたり、踏みつけられたりして、生育に悪影響を与えるので、根の付近には植物を植えないようにします。

●針葉樹を背景にすると花色が引き立つ

モクレンの花色は、針葉樹などの暗い色が背景にあると引き立ちます。特に葉の出る前に開花する白花のコブシやハクモクレンなどは、背景が暗いと花がたいへん引き立ちます。モクレンの後方に十分なスペー

広い庭に中型種を植えるプランです。

スがあれば、ゴヨウマツや濃い緑の葉の立ち性のコニファー（針葉樹）などを植えるとよいでしょう。

●同時期に咲く大輪の花木は植えない

モクレンと同時期に開花する低木や宿根草をモクレンの前面に植えると、早春の庭がいっそう華やかになります。ただし、ほぼ同じ時期に咲くシャクナゲやバラなど、花が大きく存在感のある植物は避けます。花弁の外側がピンクのユキヤナギやニワウメ、レンギョウなどのモクレンとは樹形の異なった低木、新芽が赤色のシモツケなどの組み合わせは印象的です。また、モクレンの開花が終わってから開花するアジサイやアメリカノリノキ‘アナベル’などをアクセントに植えるのもよいでしょう。

●草花は小球根類がおすすめ

小輪スイセン‘テータテート’や、紫色のムスカリやシラー、小型のチューリップなどの小球根類を群植したり、全体に散らしたりすると効果的です。モクレンの前に開花するクリスマスローズや、初夏に開花し、葉も美しいギボウシなどを加えると長期間庭を楽しむことができます。

② 狭い庭～樹高2mの小型種を

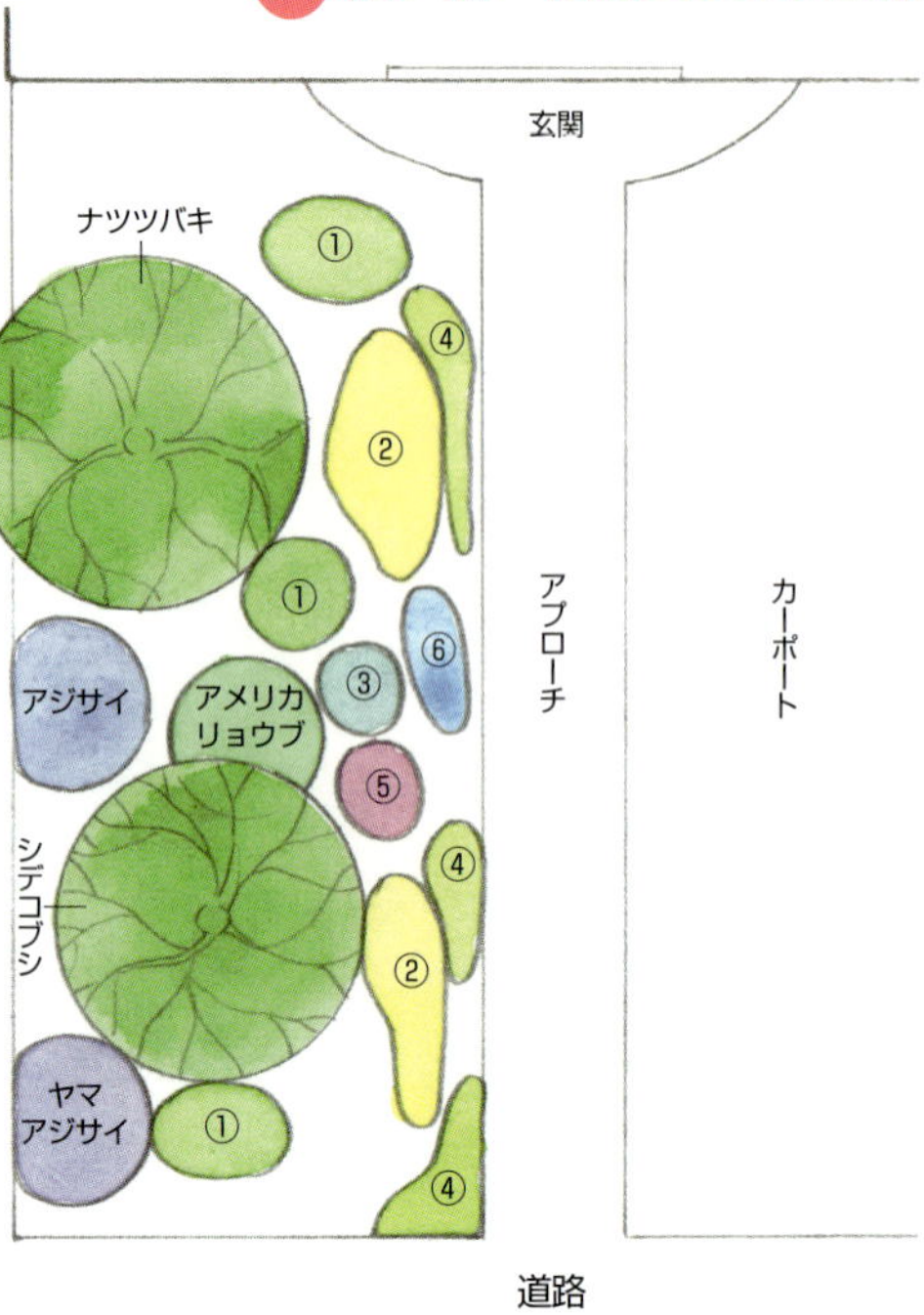

狭い庭では、樹高２ｍほどと小型のオオヤマレンゲやシデコブシを育ててみましょう。両種とも、枝数が多く、幹も複数出て株立ちになるので、幅1.5～２ｍほどの空間があると理想的です。多少暑さに弱いオオヤマレンゲは西日の当たらない場所を選び、花がうつむきかげんに咲くので、少し小高い場所に植えると花が引き立ちます。

＊花壇手前は小型で日なた向きの植物、奥は日陰になるので耐陰性のある植物を配する。

①ギボウシ
②スイセン‘テータテート’
③シクラメン・ヘデリフォリウム
④リシマキア・ヌンムラリア‘オーレア’
⑤クリスマスローズ
⑥斑入りヤブラン、スノードロップ

■植栽のポイント

●半日陰になりがちなので、シェードプランツと組み合わせる

野趣に富んだ樹姿なので、同じような印象をもつナツツバキ、小型の低木、アメリカリョウブなどを植えて、全体に雑木林のような雰囲気の庭にします。狭いスペースの場合、庭は半日陰になりがちです。草花は、クリスマスローズ、スノードロップ、小型のスイセン、秋咲きのシクラメン・ヘデリフォリウムなどの球根類や、ギボウシ、明るい葉色のリシマキア・ヌンムラリア‘オーレア’などの宿根草、斑入りのヤブラン、ヤマアジサイの園芸品種などを植えるとよいでしょう。

やや狭い庭を想定したプランです。

※通路側から見た図

シデコブシには華やかな色合いの園芸品種もある。写真は'キング・ローズ"。

③郊外の庭〜小・中型種をシンボルツリーに

シンボルツリーとして利用する小型種は、ガールマグノリア、タイサンボク‘リトル・ジェム’、シモクレンなど主幹がはっきりとして、特徴のある円錐形や円形の樹形になる種類を選ぶとよいでしょう。

タイサンボクの小型品種‘リトル・ジェム’をシンボルツリーにする場合は、初夏に常緑の葉の上に花をつけるので、濃い緑の背景は特に必要ありません。円錐形の樹形で、樹高３mで枝張りは２mほどになります。

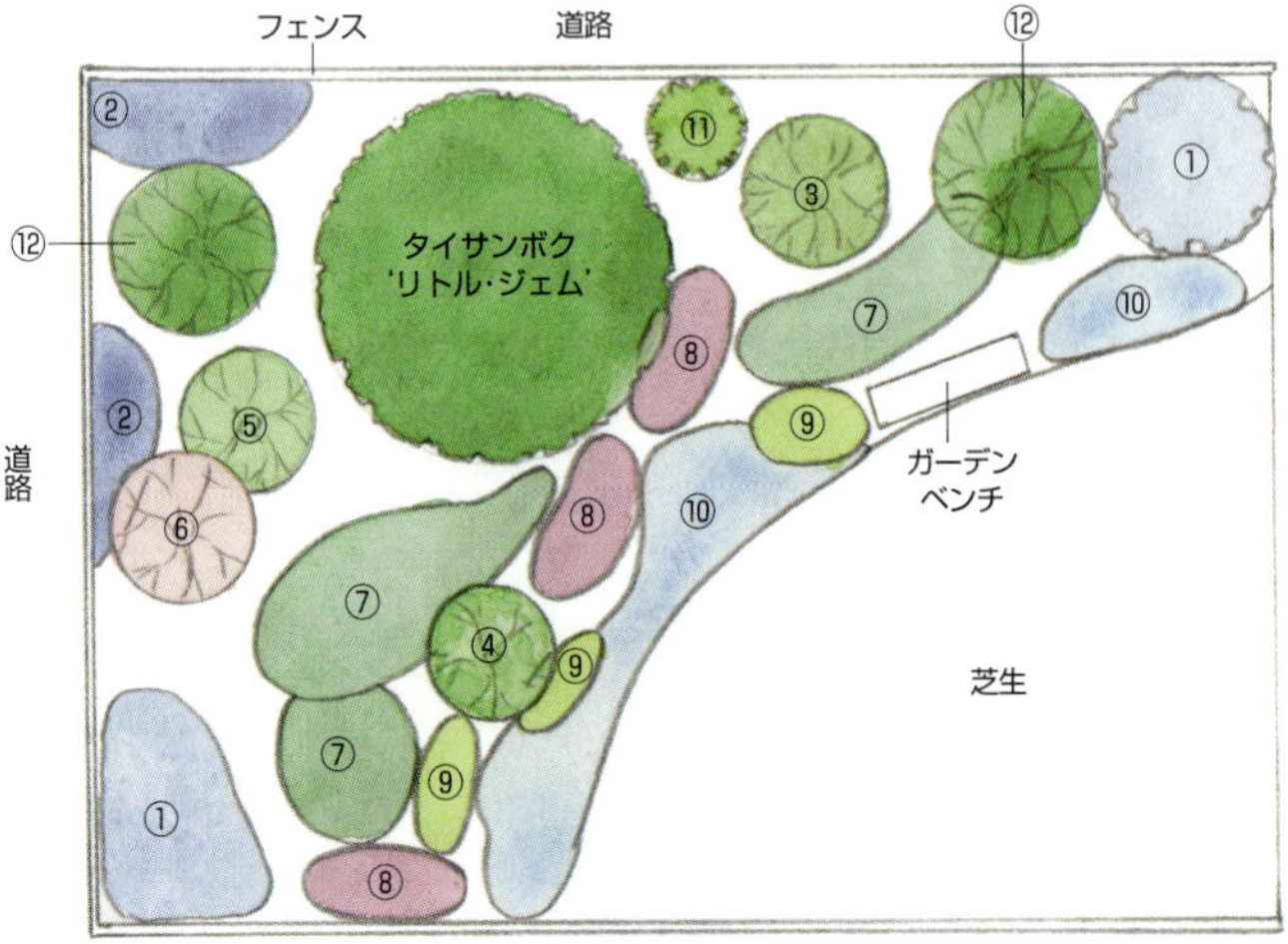

①アメリカノリノキ‘アナベル’
②アジサイ
③ガマズミ
④オオチョウジガマズミ
⑤ヤブデマリ
⑥ヤブデマリ‘ピンク・ビューティー’
⑦クルメツツジ
⑧クリスマスローズ
⑨ギボウシ
⑩スノードロップ、ムスカリ、小型スイセンなど
⑪コロラドビャクシン‘スカイロケット’
⑫ハナモモ

ポピュラーな庭木のシモクレン。比較的小型で使いやすい。

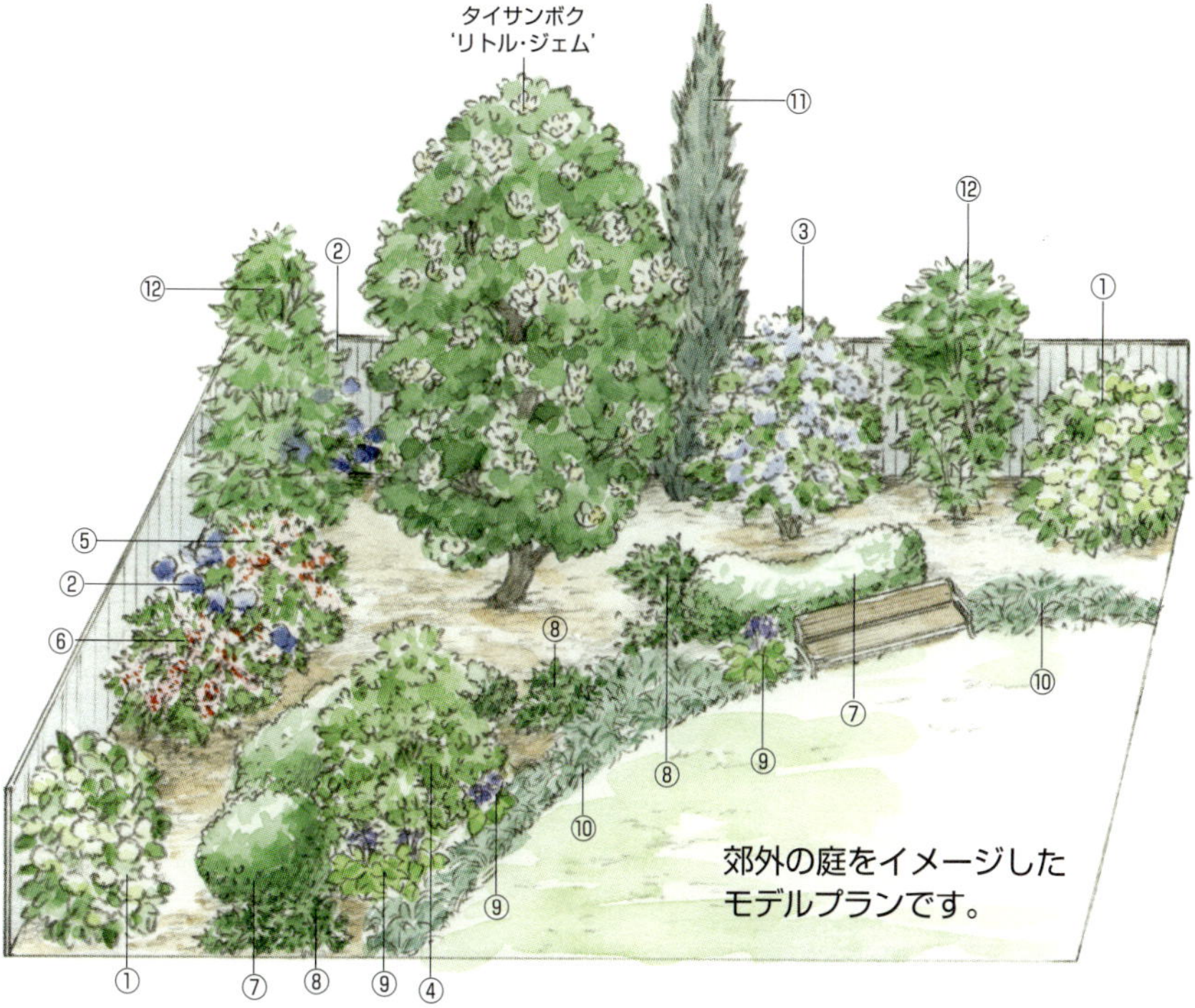

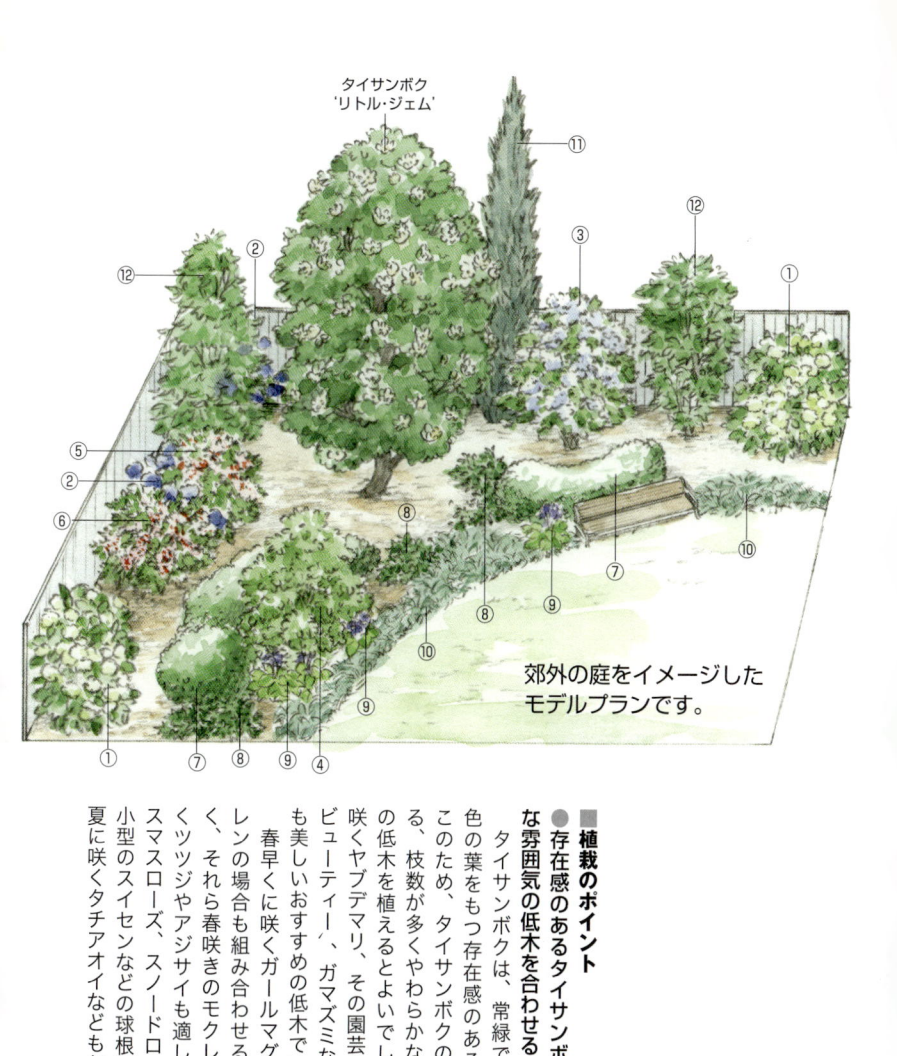

郊外の庭をイメージしたモデルプランです。

■植栽のポイント

●存在感のあるタイサンボクにはやわらかな雰囲気の低木を合わせる

タイサンボクは、常緑で大きく、濃い緑色の葉をもつ存在感のあるモクレンです。このため、タイサンボクの咲く前に開花する、枝数が多くやわらかな雰囲気で落葉性の低木を植えるとよいでしょう。春早くに咲くヤブデマリ、その園芸品種の'ピンク・ビューティー'、ガマズミなどは果実と紅葉も美しいおすすめの低木です。

春早くに咲くガールマグノリアやシモクレンの場合も組み合わせる植物は同じでよく、それら春咲きのモクレンの開花後に咲くツツジやアジサイも適しています。クリスマスローズ、スノードロップ、ムスカリ、小型のスイセンなどの球根類や、ギボウシ、夏に咲くタチアオイなどもおすすめです。

モクレンをもっと見る、知る

京王フローラルガーデン「アンジェ」の春。モクレンの仲間が咲き競う。

花を見る

京王フローラルガーデン「アンジェ」

東京都調布市の京王フローラルガーデン「アンジェ」には、国内では珍しいマグノリアガーデンがあり、3月中旬から5月上旬まで30種類、200本のモクレンの仲間を見ることができます。

http://www.keio-ange.info/index.html

モクレンを知る

国際マグノリア協会

The Magnolia Society International

1963年に創立されたアメリカの非営利団体で、現在40か国、600名の会員を擁し、モクレンの栽培、保存、分類や繁殖などの情報交換を目的に活動しています。会員に年2回の会誌「マグノリア」、ニュースレターを発行しています。インターネットで入会申し込みができます。

http://www.magnoliasociety.org/home

英国王立園芸協会シャクナゲ、ツバキ、モクレン部会

The Rhododendron, Camellia & Magnolia Group of the Royal Horticultural Society

会員にはイヤーブック、年3回の会報が送付されます。インターネットで入会申し込みができます。

http://www.rhodogroup-rhs.org

上手に育てる栽培の基本

モクレンの仲間を上手に育てるために、植えつけや剪定、肥料など、これだけは押さえておきたい栽培のポイントをわかりやすく紹介します。

モクレンの園芸品種‘ギャラクシー’。
春の庭を輝かせるあでやかな花。

JBP-S.Maruyama

（関東地方以西基準）

	6	7	8	9	10	11	12
		花芽形成					休眠
	さし木		暑さ、乾燥対策 台風対策			植えつけ、植え替え 剪定	
		西日の当たらない日なた				日なた	
						不要	
			1日に1～2回		1～2日に1回	1週間に1回	（乾いたら）
					追肥＝若木、鉢植え （固形の油かすまたは緩効性化成肥料）		寒肥＝庭 （固形の油かす）

モクレンの1年　落葉種（コブシ、シモクレン、ガールマグノリアなど）の作業・管理暦

落葉種

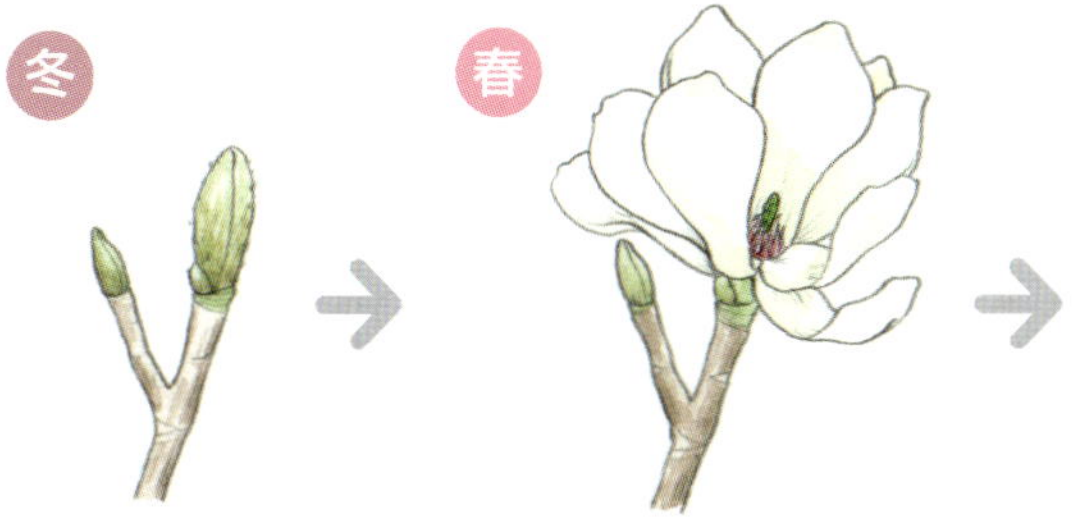

月		1	2	3	4	5	
生育サイクル		休眠		生育			
				ハクモクレン、サラサモクレン、コブシ、シモクレン開花		ホオノキ、オオヤマレンゲ開花	
主な作業（庭、鉢共通）		植えつけ、植え替え（花後、葉が出るまで）					
		剪定			剪定（花後、葉が出るまで）		
病害虫の防除（庭、鉢共通）		カイガラムシ			カイガラムシ		
				ワタアブラムシ			
						チャハマキ	
置き場（鉢）		日なた					
水やり	庭	不要			水切れしないように		
	鉢	1週間に1回（乾いたら）			1〜2日に1回		
肥料		寒肥＝庭（固形の油かす）			花後にお礼肥＝庭、鉢（固形の油かすまたは緩効性化成肥料）		

※開花期について　詳しくは図鑑ページ（25〜44ページ）参照。

（関東地方以西基準）

	6	7	8	9	10	11	12
							休眠
			花芽形成				
		タイサンボク開花					
		剪定（タイサンボク　花後すぐ）		植えつけ、植え替え（タイサンボク、オガタマノキ）			
					剪定（タイサンボク）		
	さし木					防寒対策	
			台風対策				雪害対策
		西日の当たらない日なた			日なた		無加温の室内、軒下
		西日の当たらない日なた				日なた	
						不要	
			1日に1～2回		1～2日に1回	1週間に1回（乾いたら）	
							寒肥＝庭（固形の油かす）

モクレンの1年　常緑種（オガタマノキ、タイサンボクなど）の作業・管理暦

常緑種

月		1	2	3	4	5	
生育サイクル		休眠			生育		
				オガタマノキ開花			
						カラタネオガタマなど開花	
主な作業（庭、鉢共通）				植えつけ、植え替え（タイサンボク、オガタマノキ）（鉢植えは６月上旬まで可）			
						剪定（オガタマノキ）	
				剪定（タイサンボク）			
			防寒、雪害対策				
病害虫の防除（庭、鉢共通）		カイガラムシ				カイガラムシ	
					ワタアブラムシ		
						チャハマキ	
置き場（鉢）	オガタマノキの仲間		無加温の室内、軒下		寒い日は軒下、ほかは日なた		
	タイサンボクの仲間			日なた			
水やり	庭		不要		水切れしないように		
	鉢	1週間に1回（乾いたら）			1～2日に1回		
肥　料		寒肥＝庭（固形の油かす）				花後にお礼肥＝庭、鉢（固形の油かすまたは緩効性化成肥料）	

※開花期について　詳しくは図鑑ページ（25～44ページ）参照。

植えつけ

●植えつけ場所の選び方

日照条件　日当たりのよい場所。オオヤマレンゲは午前中に日が当たるような場所でもよい。

モクレンを咲かせるためには、日当たりのよい場所に植えることが大切ですが、オオヤマレンゲは夏には半日陰になるような、落葉高木の近くなどが適しています。タイサンボクなど常緑性の種類は、西日や冬期の冷たい乾風が当たらない場所が適しています。

土壌条件　乾燥しすぎない場所＝夏に腐葉土やバークチップでのマルチングも有効。

植えつけ場所の土壌は、腐植質（分解段階の植物など。腐葉土など）に富み、水はけ、水もちともによく、夏に乾燥しすぎないような土がよいでしょう。なお、モクレンは太い根がまばらに伸びて、細根が少ないため、成木の移植は困難です。将来の大きさを考えて植える場所を選ぶことが肝心です。

●適期

落葉種／11月～3月上旬（鉢植えの植え替えは、花後、葉が伸びる前の4月まで行える）。

常緑種／4月中旬～5月中旬、9月下旬～10月。

●注意点

①根が粗いので、ていねいに扱い、なるべく細い根を切らない。

②鉢植えは、畑で栽培された台木のコブシを鉢

上げしたものにつぎ木される。根も多いので、根鉢をほぐして植える。

③大きな木の移植は難しい。根回し*も必要。活着後も数年は生育が悪くなる。

*移植予定の樹木の太い根をあらかじめ切断し、細根を出させること。

●庭への植えつけ

＊植えつけの手順は次ページで詳しく紹介。

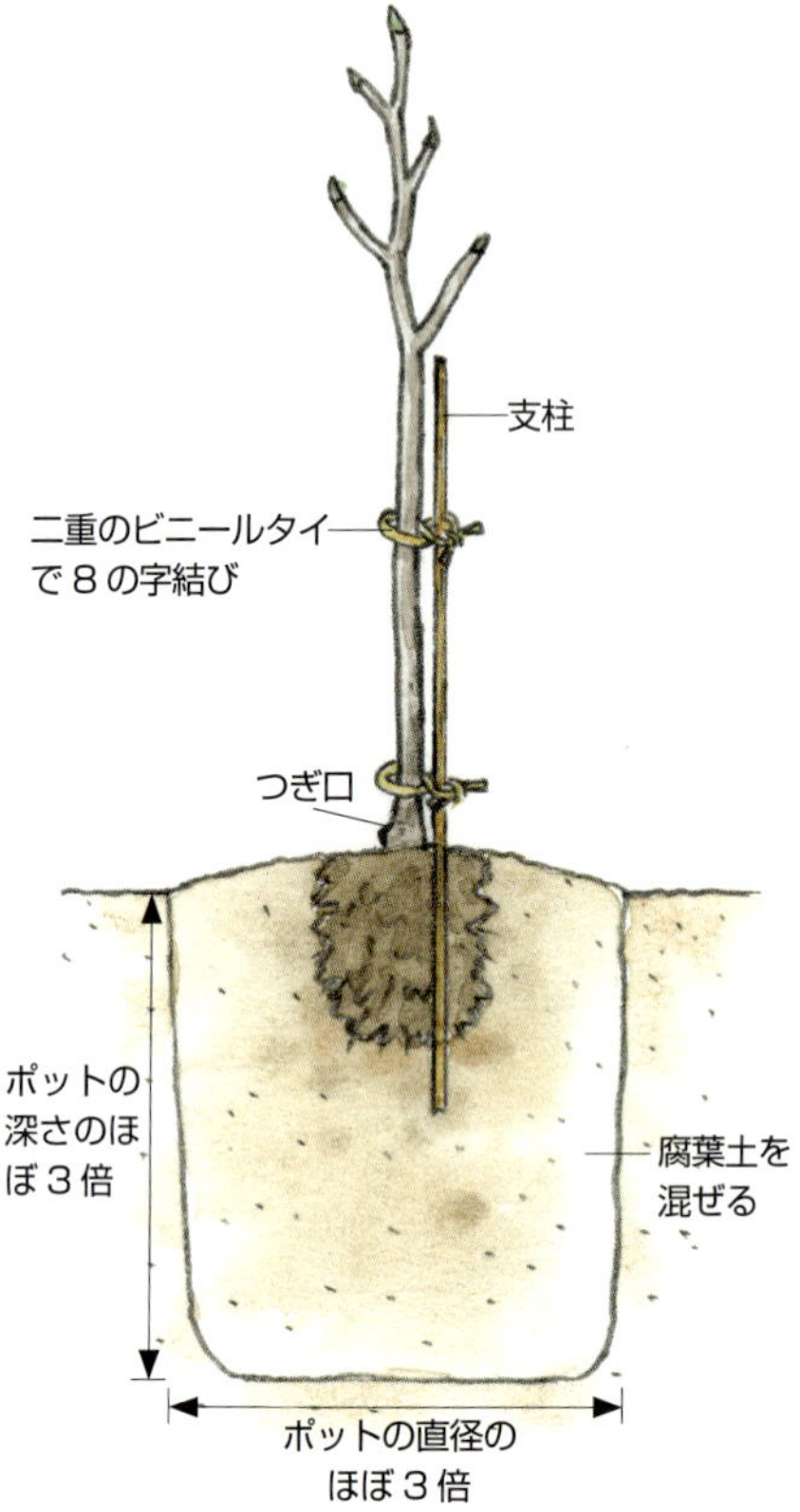

●樹高1.5〜2m程度の地掘り苗の場合

地掘りの根巻き苗の場合、直径50cm、深さ50cmの植え穴を掘り、腐葉土を植え土の３分の１ほど混ぜ込む。根を切らないように注意しながら根鉢を３分の１ほどくずして、深植えしないように植えつける。根鉢のまわりに十分に水を注ぎ、根と植え土をなじませ、ぐらつかないように支柱で固定する。

根巻き苗

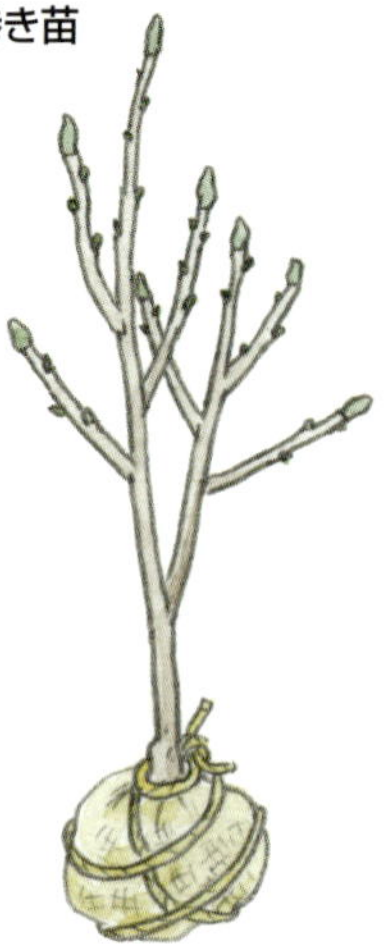

地掘りの根巻き苗は通常、根鉢を麻布などで包んである。

庭植え　適期＝落葉種／11～3月上旬、常緑種／4月中旬～5月中旬、9月下旬～10月

用意するもの／苗木、腐葉土

＊写真の苗木はつぎ木2～3年生のシモクレン。ほかに支柱、ビニールタイ、ショベルなどが必要。

直径がポットの直径の3倍、深さがポットの長さの3倍の植え穴を掘る。

穴の深さの3分の1ほどの量の腐葉土を植え穴に入れ、ショベルで腐葉土と穴の底土をよく混ぜる。

苗木をポットから出す。根が回っている。

根鉢を一回りくずすが、根が切れないように底の根からていねいにほぐす。

地表面と根鉢の肩の部分が同じ高さになるように植え穴に苗木を据える。

掘り上げた土にも3割の腐葉土を混ぜて、根鉢の周囲に戻す。

根鉢を突き通して、支柱をしっかりと立てる。

ビニールタイを二重にして、苗木と支柱を8の字にしっかり結び留める。根元とやや上の2か所を留める。

水がよくしみ通るように、植え穴の周囲、数か所にショベルを差し込んで、水をたっぷり与える。

土を戻して、植えつけ終了。

＊ 支柱は３年ほど立てておくが、木が太るので秋にビニールタイを結び直す。

 P/JBP-S.Maruyama

鉢植え　適期＝落葉種／11～4月、常緑種／4月中旬～6月上旬、9月下旬～10月

用意するもの／鉢（7～8号鉢）、苗木（4.5号ロングポット入り）、ゴロ土、腐葉土、赤玉土小粒、フォーク、剪定バサミ、園芸用ハサミ

＊写真の苗木はつぎ木2～3年生の園芸品種。
＊用土は、赤玉土小粒7、腐葉土3の配合土。

❶ 台芽（コブシ）が出ていたら、つけ根でカットする。

❷ 根が回ってポットの底から出ているので、ポットを切って根鉢を出す。

❸ 取り出した根鉢。よく根が回っている。

❹ フォークを使って固まっている根を一回りほぐす。

❺ 鉢底に深さ2㎝ぐらいゴロ土を入れ、用土を入れる。

株を据えて根鉢の周囲に用土を入れる。2㎝ほどのウォータースペースをとる。

用土が根の間によく入るように棒などで突き込む。

支柱を立て、二重のビニールタイで8の字結びにし、2か所をしっかり留める。

たっぷり水を与える。

植えつけ直後の鉢。

＊毎年植え替え、育ち具合を見て鉢を大きくするが、鉢で株を維持するのは4～5年を目安にする。その後は庭植えにする。

剪定

●花芽は前年の夏にできることを念頭に、剪定する

　モクレンは開花の前後、春に新しい枝を伸ばし、次々に葉を展開します。この枝は夏前まで伸び続け、枝の伸長が止まる夏に枝先に花芽をつくります。秋には花芽が大きくなり、蕾として見えてきます。そして、冬を越し、春に開花するサイクルを毎年繰り返しています。春に咲く花は前年の夏に花芽がつくられることを理解して、剪定作業を行いましょう。

　毎年のように剪定しても最終的には大きくなる種類を小さいまま維持することは困難です。新しく植える場合は小型の品種を選びます。大型の種類を植えている場合は、毎年の剪定、あるいは強剪定による仕立て直しが必要です。

●落葉種　春の剪定

適期＝花後なるべく早い時期。5月中旬まで。

●ポイント　樹形を乱す前年枝を切って、軽く樹形を整える。

　春は、新しく伸びている枝ではなく、灰色や茶色に変色した前年の枝を剪定して、そこからまた新しい枝を伸ばします。伸び始めている枝を切っても、そこから新しい枝は伸びてきません。また、遅い時期の剪定は新しい枝が伸びる時期が遅れて、花が咲かない原因となります。

●落葉種の春の剪定

花後、出葉前に行う。枯れ枝や樹形を乱す枝を剪定する。

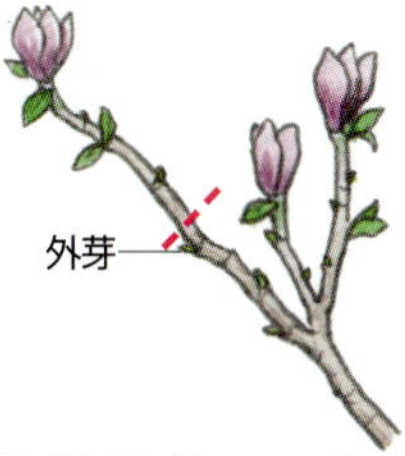

伸びすぎた枝は2〜3芽残して、外芽の上で切る。

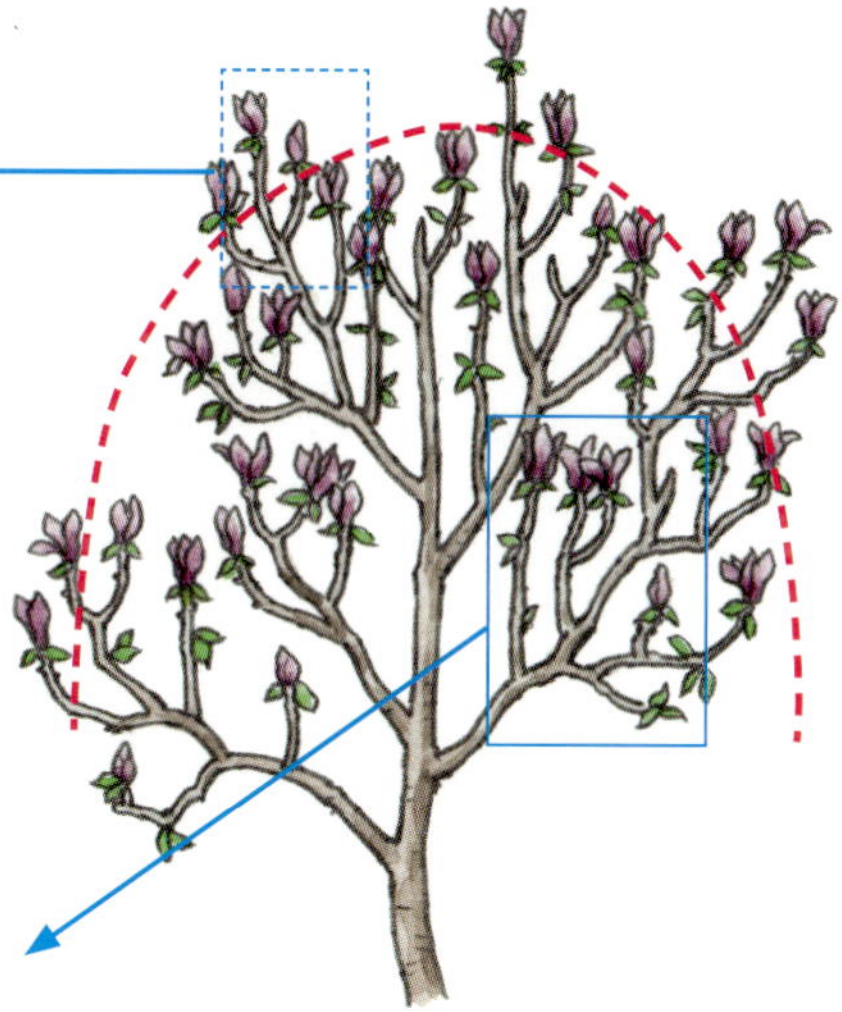

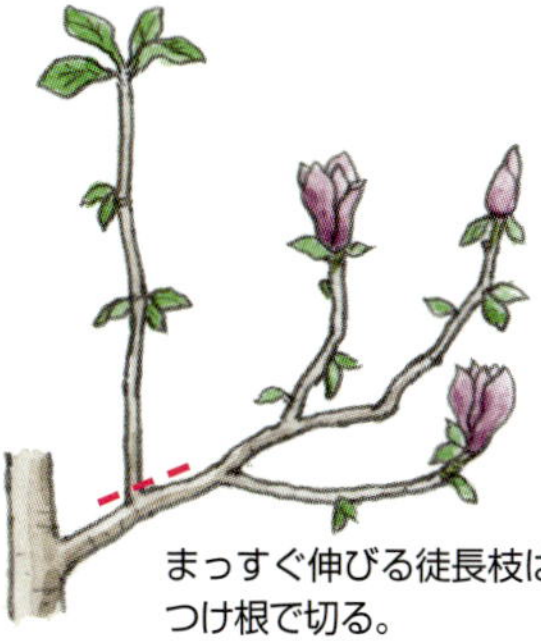

まっすぐ伸びる徒長枝はつけ根で切る。

●枝の切り方

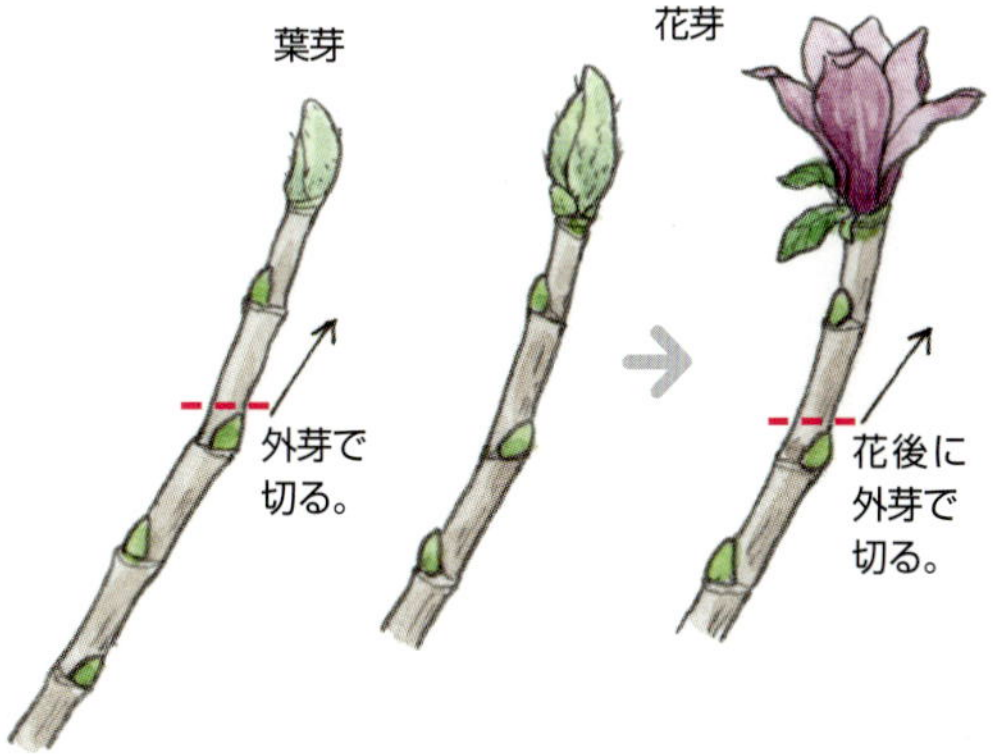

●落葉種　冬の剪定

適期＝11～2月

●ポイント　樹形がわかりやすい落葉期に無駄な枝を切り、樹形を整える。株全体を小さくするための強剪定（仕立て直し）も行える。

●剪定の手順

①無駄な枝（立ち枝、重なり枝、弱小枝など）を整理　幹や太い枝の基部から地面に対して垂直に伸びている立ち枝を、つけ根から剪定します。また重なった枝、株の内側に向かっている枝も整理します。先が細くなって花芽をつけない弱い枝は、太い部分まで切り詰めます。枝全体が細ければ、つけ根から剪定します。

②樹形を乱す伸びすぎた枝を切り詰める　花芽がついている枝を剪定すると、春に花が咲かないので、よく見極めて剪定しましょう。

1.2～1.5mの位置で幹を切る

大きくなりすぎたモクレンを思いきって小さくする方法です。

①地面から1.2～1.5mほどの高さで、幹を切り詰める。幹や太い枝はノコギリを使う。

②残す幹に枝があれば、幹から10～15cm程度を残して、ばっさりと剪定する。

●切り口に癒合剤を塗る

幹や太い枝を切ると、切断面から細菌が侵入して腐ることがあるので、切断面に癒合剤を塗る。

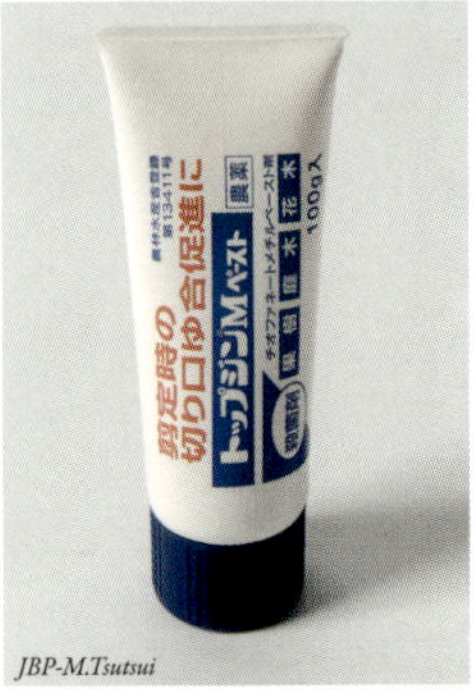

切り口に塗る癒合剤。

翌春には、残した枝の基部や幹から直接、強い枝がまっすぐに伸びてきます。これが将来の幹になります。1年間はそのままにして、2年目に幹にする3～5本の枝を決めて、それ以外をつけ根から切り除きます。そのまますべての枝を育てると枝が細く、花がつきにくく、樹形も悪くなってしまいます。切った幹が隠れて、新しい幹ができるには10年ほどかかります。

冬の剪定　強剪定〜仕立て直し

●剪定位置

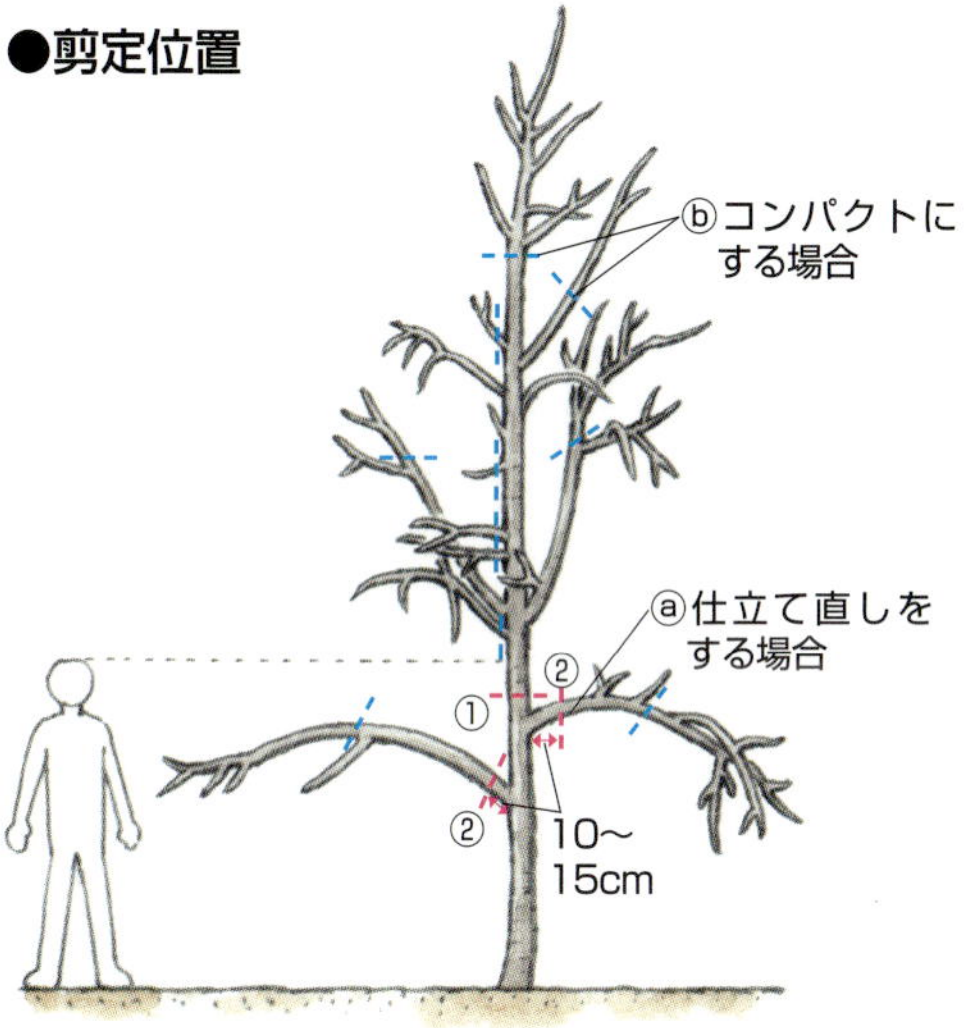

仕立て直し２年目の枝の伸長の様子。

●強剪定の例

強剪定後、およそ10年。こんもりとした姿のハクモクレン。

剪定跡

 P/JBP-S.Maruyama

ハクモクレンの剪定　適期＝11～2月

植えつけ後16年、樹高6mのハクモクレンで、剪定の基本を紹介します。

① 立ち枝をつけ根から切る。

④ 内向きの枝を切る。

⑤ 全体を眺めて不要な枝を切る。

② 重なり枝を切る。

③ 長く伸び、樹形を乱す枝を切る。

剪定が終わった枝。

●常緑種の剪定

●タイサンボク　適期＝花後～7月中。仕立て直しは10～12月、3月中・下旬

6月に開花し、その後に新梢を伸ばし、7～9月に花芽をつくります。樹形も自然にまとまるので、基本的に剪定の必要はありませんが、樹形を整えたり、枝をすかしたりする場合は、花後なるべく早く、遅くとも7月中に剪定します。また、強剪定によって仕立て直したり、全体に枝を切ったりする場合は10～12月、または3月中・下旬に行います。この場合は蕾がついた枝を切るので、翌年の花は咲きません。

●オガタマノキの仲間　適期＝花後の5～6月

花後なるべく早く剪定します。そう大きくならないので、樹形を乱す枝や、重なった枝を切る程度にとどめます。節の芽のついた部分の1cm程度上で切るようにします。

＊剪定の手順は落葉種と同様です。

肥料

●寒肥とお礼肥が中心

モクレンの仲間は、成木になればほとんど肥料を施さなくても開花します。しかし、若木は、生育を促すために肥料を施しましょう。冬の「寒肥」と、花後の「お礼肥」が中心です。

寒肥は冬の間に有機質肥料を施し、春の根の成長と芽出しを助けるもの。お礼肥は、花後に新梢を伸ばし、株の消耗を回復させるために施す肥料で、有機質肥料のほか、緩効性化成肥料（N-P-K＝8-8-8など）を用います。

肥料の施し方

●寒肥を施す位置

木の大きさに合わせて量を加減する。

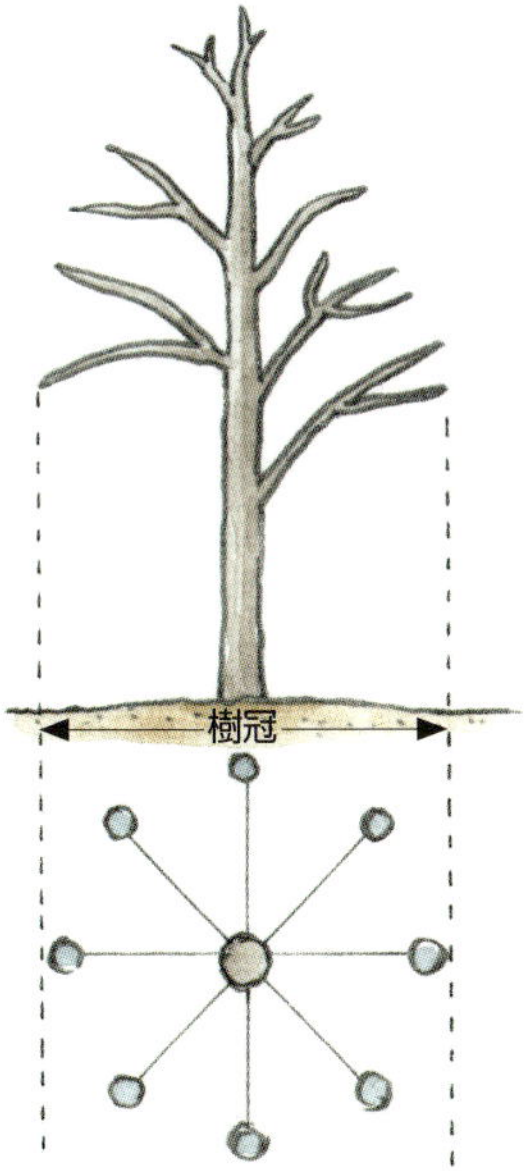

真上から見た施肥位置

7号鉢で固形の油かすを5～6個、鉢土の表面に置く。

●庭植えの施肥

施肥の時期　寒肥／12～2月、お礼肥／落葉種＝花後の3月下旬～5月上旬、常緑種=花後の4月下旬～6月下旬、追肥／落葉種の若木のみ10月上旬。

緩効性化成肥料（N-P-K=8-8-8など）。鉢の大きさに合わせて、規定の量を施す。

●庭植えの寒肥

用意するもの／固形の油かす

ショベルを土中に差し込んで浅く穴をあける。

1か所に一つかみ（片手1杯分ぐらい）の肥料を埋め込む。

●鉢植えの施肥

施肥の時期　お礼肥／落葉種＝3月下旬～5月上旬、常緑種=4月下旬～6月下旬、追肥／落葉種のみ10月上旬。

 P/JBP-S.Maruyama

暮らしのなかで利用されてきたモクレンの仲間

モクレンの仲間は観賞用に植栽される以外にも、さまざまに利用されています。一番なじみが深いのは、ホオノキでしょう。材は家具や細工物のほか、堅く摩耗が少ないために下駄の歯（朴歯《ほおば》下駄）として利用されています。また、岐阜県高山地方の朴葉味噌は、ホオノキの葉に味噌、薬味や山菜などをのせて焼く郷土料理です。

モクレンは香りのよい種類が多いことで知られていますが、モクレン（マグノリア）の香水として販売されるものは、初夏に咲くタイサンボクの香りを合成したものです。

薬用では、漢方で辛夷（しんい）と呼ばれるシモクレン、コブシ、タムシバやハクモクレンなどの蕾に、鎮痛や消炎効果があるため、頭痛、鼻炎、蓄膿症などの薬として利用されます。

海外に目を向けると、北アメリカでは自生種のタイサンボクや常緑性のヒメタイサンボク（*Magnolia virginiana*）の樹皮を消化剤として用います。同じく北アメリカ産で黄色い花を咲かせるキモクレン（*M. acuminata*）やモクレンで最大の葉をもつマクロフィラ（*M. macrophylla*）の材は、住宅のフローリングとして用いられます。

大きな葉を広げる初夏のホオノキ。

市販の朴葉味噌。

人気の高い園芸品種‘サヨナラ’。陽光のなかでふくよかな花が今にも開きそうに見える。

12か月の作業と管理

モクレンの仲間は、日本に自生するコブシやシデコブシ、長い栽培の歴史を通じて日本の気候に適していることが証明されている外国産のハクモクレン、シモクレンなどが、品種改良の交配親として重要な役割を果たしてきました。

このため、育てる環境やスペースを考慮して適切な品種を選べば、栽培は容易です。病害虫も少なく、だれでも失敗なく育てられる花木といえるでしょう。

植えつけや植え替え、剪定など、重要な作業を中心に、毎月の作業と管理をわかりやすく紹介します。

 JBP-S.Maruyama

1月

モクレンは、落葉種も常緑種も休眠中です。木枯らしに負けず、銀色の蕾を輝かせる落葉種を見ると、春への期待がふくらみます。寒さのなかですが、よい花を見るために、寒肥を施したり、防寒をしたり、大切な作業があります。

春を待つハクモクレンの蕾。白い綿毛に包まれた托葉が中の花弁を守るかのよう。

1月のモクレン、コブシの仲間

寒さが本格的になります。落葉性のモクレンの枝先には、毛に覆われた托葉に包まれた大きな蕾が見えています。太平洋側の地域など冬期に乾燥するところでは、寒さに弱い常緑性種の葉や蕾を傷める冷たく乾燥した風が吹きます。12月に防寒対策を施さなかった場合は、早めに寒冷紗を株に巻きつけたり、株元をマルチングしたりして、防寒しましょう。

● 1月の重要な作業

落葉種：寒肥、植えつけ、植え替え、剪定、防寒

常緑種：寒肥、防寒、雪害対策

●落葉種の主な作業

植えつけ、植え替え　落葉して休眠中のこの時期は植えつけ、植え替えの適期です。鉢への植えつけや、ポット苗、地掘りの根巻き苗の庭への植えつけができます（作業の手順は58ページ参照）。

剪定　落葉後の休眠期で、樹形や枝の混み具合がわかりやすく、剪定のダメージも少ない時期です。モクレンは大きくなるにしたがい、自然に樹形が整うので、基本的に木を大きくしたくない場合や、小さく仕立て直しする場合以外は、垂直に伸びる徒長枝や重なった枝を切り取る程度にとどめます（作業の手順は64ページ参照）。

防寒（庭植え）　植えつけたばかりの苗木は、寒さや乾燥で根や芽が傷むことがあるので、バークチップや腐葉土などを根のまわりに厚さ5cmほど敷き詰めるマルチングを行います（80ページ参照）。

病害虫の防除　モクレンは病害虫が少ないのですが、ときに幹や葉にカイガラムシが発生することがあります。5～8月にかけて活動が活発になり、排せつ物によって葉の上面が黒くなるすす病を発生させます。カイガラムシは、冬期は貝殻をかぶって越冬するので、適用のあるマシン油エアゾル、またはアレスリン・マシン油エアゾルを噴霧することにより、窒息死させることができます。発生していたら、生育期は薬害が出るおそれがあるので、気温が低く、休眠期である1～2月に限って散布します。

●落葉種の管理

置き場（鉢）　日当たりのよい、寒風の当たらない戸外に置きます。蕾が春に開くには、冬に一定期間寒さに当たることが必要です。このため、暖房中の室内には置かないようにします。

水やり　庭植えはほとんど必要ありませんが、雨が少なく、土壌が極端に乾燥する場合には、暖かい日の午前中にたっぷりと与えます。雨が降らないときの水やりは、植えつけたばかりのときや小苗、鉢植えで1週間に1回が目安です。

肥料（庭植え）　春、モクレンの成長が始まり、根から水分や肥料分を吸い上げる時期に効果が出るように、庭植えのモクレンに寒肥を施します（70ページ参照）。寒肥は土中で徐々に分解され、春に効果があらわれます。鉢植えには必要ありません。

●常緑種の主な作業

植えつけ、植え替え　寒さのために植え傷みするので、作業は行いません。

剪定　行いません。

防寒（庭植え）　オガタマノキなど寒さに弱い種類は、寒さや乾燥で根や芽が傷むことがあります。バークチップや腐葉土などを根のまわりに厚さ5cmほど敷き詰めるマルチングを行い、寒冷紗を株に巻きつけて寒風が直接当たるのを防ぎます。タイサンボクは関東地方北部や東北地方南部では防寒対策が必要ですが、関東地方南部以西では必要ありません。積雪地では、雪の重みで枝が折れるので、枝を縛るなどの雪害対策を行います（81ページ参照）。

病害虫の防除　落葉種に準じます。

●常緑種の管理

置き場（鉢）　落葉種の管理に準じますが、寒さに弱いオガタマノキの仲間は、寒風の当たらない軒下や、玄関など無加温の室内に置きます。

水やり　落葉種の管理に準じます。

肥料（庭植え）　落葉種に準じて、寒肥を施します。鉢植えには必要ありません。

常緑種の防寒　必要な時期＝11〜3月

＊植えつけ初年度のカラタネオガタマで紹介します。大きく育った株も支柱を替えれば、同様に防寒できます。

＊常緑種は冬の間、直射日光が当たらなくてもよいので、寒冷紗は二重三重に巻きつけるとよいでしょう。

用意するもの／支柱（ここではあんどん支柱）、寒冷紗、ひも

❶ 植えつけ初年度のカラタネオガタマ。

❷ あんどん支柱に株をくぐらせて、立てる。

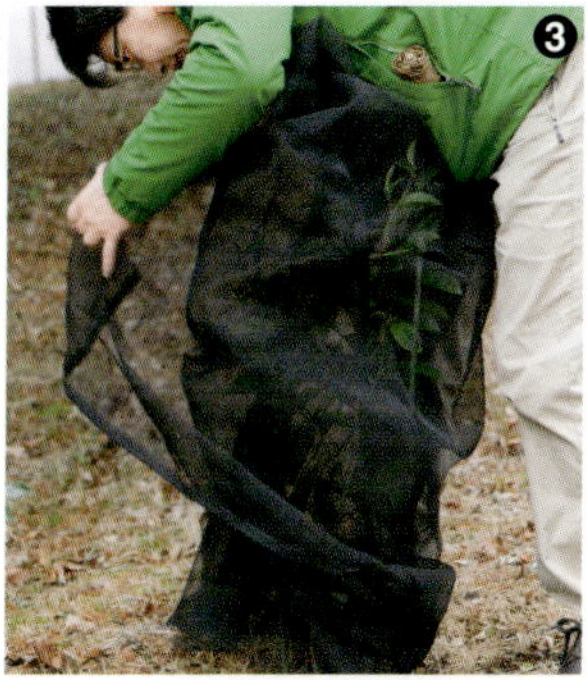

❸ 株元からすっぽり覆うように寒冷紗を巻きつける。

❹ 寒冷紗が外れないように株元近くで一度しっかり縛る。

❺ ほかに中間部、上部と、3か所をしっかり縛る。

2 月

厳寒期ですが、下旬になれば光に春を感じます。落葉種の蕾は大きくふくらみ、春を待ちわびているかのようです。植えつけや植え替え、施肥など、季節の作業を早めに済ませましょう。

サラサモクレンのイギリスでの植栽例。スイセンとともに満開。

2月のモクレン、コブシの仲間

1年で最も寒さの厳しい季節となります。寒さに弱い種類は防寒対策がしっかり施されているか、凍害を受けていないかを確認しましょう。暖地ではオガタマノキの開花が始まります。

この時期を過ぎれば、3月にはハクモクレンなどの早咲きの種類が開花し始めます。植え替えや寒肥、剪定などの冬の作業は早めに済ませておきましょう。

● 2月の重要な作業

落葉種：寒肥、植えつけ、植え替え、剪定、防寒

常緑種：寒肥、防寒、雪害対策

●落葉種の主な作業

植えつけ、植え替え　1月に続いて、作業の適期です。ポット苗の鉢への植えつけや地掘りの根巻き苗の庭への植えつけができます。園芸店では蕾つきの根巻き苗や鉢植えが販売され始めます。根が成長し始める3月中には作業を終わらせましょう。鉢植えの植え替えは、葉が伸びる前であれば3月まで行うことができます。雪が降ることもあり、風も強い時期なので、庭に植えた苗木は根鉢がぐらつかないように、しっかりと支柱で固定します。

剪定　1月に行えなかった場合は、今月中に落葉種の剪定を行います（作業の手順は64ページ参照）。

防寒　植えつけたばかりの苗木は、寒さや乾燥で根や芽が傷むことがあります。バークチップ

●ぐらつかない支柱の立て方、結束法

支柱と幹をビニールタイで8の字に結び留める。

支柱は幹に沿わせて（根鉢を突き通す）立てる。結束用のひもはビニールタイを二重にして使う。

結束用のビニールタイは二重にする。

 P/JBP-S.Maruyama

や腐葉土などを根のまわりに5㎝ほどの厚さに敷き詰めるマルチングを行います（左図参照）。

病害虫の防除　幹や葉にカイガラムシが発生していれば、今月中に適用のあるマシン油エアゾルまたはアレスリン・マシン油エアゾルを散布します。

●落葉種の管理

置き場（鉢）　日当たりのよい、寒風の当たらない戸外に置きます。蕾が春に開くためには、一定期間寒さにあわせることが必要です。このため、暖房を入れている室内には置かないようにします。

水やり　庭植えはほとんど必要ありませんが、雨が少ない地方で、土壌が極端に乾燥する場合には、暖かい日の午前中にたっぷりと与えます。雨が降らないときの水やりは、庭植えで苗を植えつけたばかりの場合や小苗、鉢植えで1週間に1回が目安です。

肥料（庭植え）　1月に施さなかった場合は、庭植えにはなるべく早い時期に寒肥を施します（70ページ参照）。鉢植えには必要ありません。

●常緑種の主な作業

植えつけ、植え替え　寒さのために植え傷みするので、作業は行いません。

剪定　寒さで傷むので、作業は行いません。

防寒（庭植え）　寒さに弱い種類は、寒さや乾燥で根や芽が傷むことがあります。バークチッ

● 防寒のためのマルチング

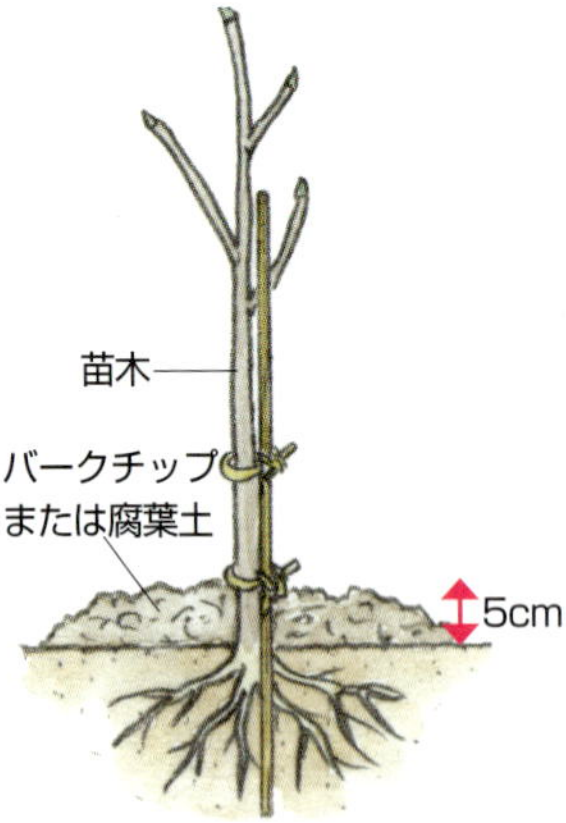

植えつけたばかりの苗木は寒さや乾燥から守るためにマルチングを行う。

プや腐葉土などを根のまわりに5㎝ほどの厚さに敷き詰めるマルチングを行います。また、株に寒冷紗を巻きつけて寒風が直接当たるのを防ぎます(77ページ参照)。凍害を受けていないか、定期的に観察することも必要です。降雪によって枝が折れることがあるので、枝を縛るなどの雪害対策を行います。

病害虫の防除　落葉種に準じます。

●常緑種の管理

置き場（鉢）　落葉種の管理に準じますが、寒さに弱いオガタマノキの仲間は、寒風の当たらない軒下や玄関などの無加温の室内に置きます。

水やり　落葉種の管理に準じます。

肥料（庭植え）　寒肥を施します（70ページ参照)。鉢植えには必要ありません。

雪害対策　必要な時期＝12〜3月

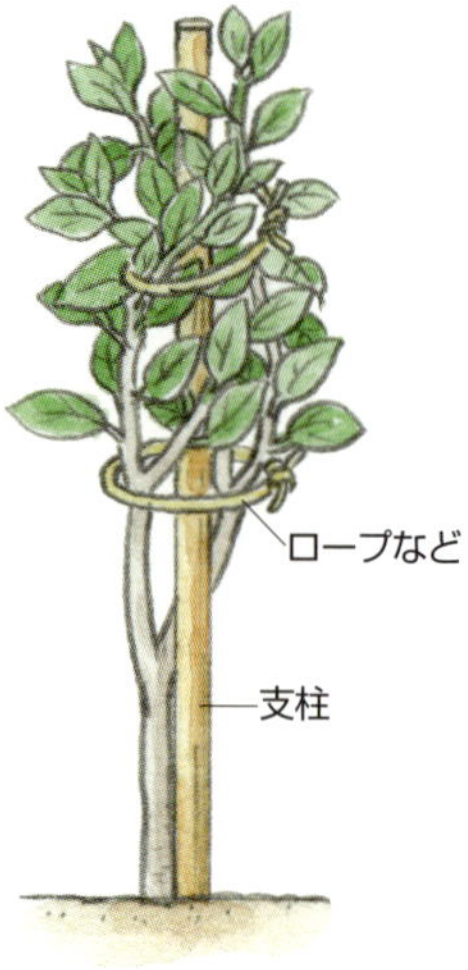

雪による枝折れを防ぐ簡単な方法

東京近郊では基本的には雪害対策を行う必要はありませんが、ときに大雪が降り、常緑性のモクレンの仲間の枝が折れてしまうことがあります。このようなときは、棒で枝をたたいて雪を落とし、また長く降り続くような場合は、ひもを使って枝を縛ることで、簡便に枝折れを防ぐことができます。

株元にしっかりした支柱を立てて、支柱に枝をまとめ、2〜3か所、ロープなどで縛りつける。

3月

3月も中旬を過ぎると日増しに暖かくなり、木々が芽吹く前の中旬からは早咲きのハクモクレンやシデコブシなどが開花し始め、本格的な開花のシーズンを迎えます。

咲き始めたシモクレン。

3月のモクレン、コブシの仲間

3〜4月にかけては最も多くの種類のモクレンが開花する美しい季節です。早咲きの種類は、霜が降りると1日で花が茶色く変色することがありますが、これは防ぎようがありません。毎年のことであれば、遅咲きの品種を選ぶとよいでしょう。

モクレンは生育が始まるので、根巻きの苗を購入した場合は、今月中に植えつけます。暖かくなり、気温が安定したら防寒の寒冷紗などを取り除きます。また、開花が終わったものから

お礼肥を施します。

●3月の重要な作業

落葉種：お礼肥、植えつけ、植え替え

常緑種：タイサンボクの剪定、防寒、雪害対策

●落葉種の主な作業

植えつけ、植え替え　3月になると根の成長が始まるので、鉢植えを庭に植えるのは、今月のなるべく早い時期に済ませます。根巻き苗を購入した場合も、今月中のなるべく早い時期に作業を終わらせます。強風や春の雪が降ることもあるので、根鉢がぐらつかないように、しっかりと支柱で固定します（79ページ参照）。葉が出た場合は、落葉する11月まで待って行います。

剪定　ハクモクレンなどの早咲き種の開花が終わります。この時期から新梢が出るまでの間に、樹形を整えるための剪定を行うことができます。この時期の剪定は、伸びすぎた枝などを切る程度とし、混みすぎた枝の整理や強剪定、仕立て直しをする場合には、11月以降の休眠期に入った落葉後に行うほうがよいでしょう。作業は64ページを参考にしてください。

防寒（庭植え）　気温が上昇してきますが、マルチング材は乾燥防止や雑草防止になるので、そのままにしておきます。

病害虫の防除　特にありません。

●落葉種の管理

置き場（鉢）　日当たりのよい、寒風の当たらない戸外に置きます。霜が降りる予報が出た日は軒下や玄関先などに移動させます。花が咲いたら、涼しく、風当たりの少ない日陰に置くと花もちがよくなります。

水やり　気温の上昇にともない、根からの水分の吸収や葉からの蒸散が盛んとなり、土壌も乾きやすくなります。庭植えの場合は1〜2月と

ハクモクレンの咲く東北の早春。ハナモモや
レンギョウ、スイセンが咲き、春本番が近い。

JBP-M.Tsutsui

同じく、ほとんど水やりの必要はありませんが、植えつけてまもない苗木や鉢植えは、3月中旬からは乾いたら暖かい日の午前中に水やりを行います。蕾がふくらんでから極端に乾燥させると、本来の大きさの花が咲かないことがあります。

肥料　庭植え、鉢植えともに開花が終わったら、新芽を伸ばすために、お礼肥を施します。固形の油かすや緩効性化成肥料（N-P-K=8-8-8など）を施します（70ページ参照）。

●常緑種の主な作業

植えつけ、植え替え　寒さのために植え傷みするので、作業は行いません。

剪定　寒さがやわらぎ、成長を始める前の3月中・下旬、または10～12月にタイサンボクなどの剪定を行います。枝数も少なく、大きくなるにしたがい、自然に樹形が整うので、木を大きくしたくない場合や、小さく仕立て直す場合以外は必要ありません。枝先には6月に開花する蕾ができているので、確認しながら、垂直に伸びる徒長枝や重なった枝をつけ根から切る程度にとどめます（64ページ参照）。

防寒（庭植え）　年によって3月にも雪が降ることがあるので、積もるようなら2月の雪害対策を参考に枝を縛るなどの対策を施します（81ページ参照）。3月下旬に暖かくなり、気温が安定したら防寒用の寒冷紗を取り除きます。

病害虫の防除　特に必要ありません。

●常緑種の管理

置き場（鉢）　落葉種の管理に準じますが、寒さに弱いオガタマノキの仲間は、今月は寒風の当たらない軒下や、玄関先などの無加温の室内に置きます。

水やり　落葉種の管理に準じます。

肥料　施しません。

4月

春を迎え、だんだんと暖かくなり、モクレンの仲間ではさまざまな園芸品種が次々に開花する最盛期です。蕾がふくらみ、だんだんと色づき、開花に至るまで、日々違った表情が楽しめます。十分に花を楽しみましょう。

華やかな園芸品種のほとんどが開花最盛期を迎える。写真はサラサモクレンの一品種。

4月のモクレン、コブシの仲間

4月下旬にはハクモクレン、コブシ、サラサモクレン、シモクレンなど落葉種のほとんどの開花が終了します。

生育にともない、根から水を盛んに吸い上げ始めます。開花の前後には新梢が伸び出すので、花後の剪定やお礼肥などの作業を行います。

●4月の重要な作業

落葉種：お礼肥、鉢植えの植え替え（出葉前）、剪定

常緑種：お礼肥、植えつけ、植え替え

●落葉種の主な作業

植えつけ、植え替え　葉や根が伸びて旺盛に生育している時期なので、庭への植えつけは、落葉後まで待ちます。4月に根巻き苗を購入した場合は、なるべく早い時期に鉢への植えつけを終わらせます（58ページ参照）。枝先の蕾がふくらんでいるので、作業中にぶつかったりすると簡単に取れてしまいます。作業はていねいに行いましょう。鉢植えの植え替えは、花後でも行えますが、葉が出るまでの期間が短いので、なるべく出葉前に済ませます。

　植えつけた鉢は風が当たらない、半日陰から日陰に1週間程度置きます。その後、いきなり直射日光に当てるのではなく、曇りの日に半日陰の場所に出すなど、徐々に強い日光に慣らしていきましょう。

剪定　4月下旬には、ほとんどの種類の開花が終わるので、新梢が伸び出す前に樹形を整えるための剪定を行うことができます。これから開花するオオヤマレンゲは、樹高が低く樹形も自然に整うので、基本的に剪定の必要はありませんが、コンパクトに保つ場合は、この時期に蕾のついていない枝を選んで剪定し、数年かけて株全体の樹形を整えるとよいでしょう。剪定作業は64ページを参考に行いますが、剪定の時期が遅れると新梢が伸びるのが遅くなるので、なるべく早めに行います。

病害虫の防除　カイガラムシが発生することがあるので、竹べらや歯ブラシなどで削り取ります。ひどい場合は、冬期に適用のあるマシン油エアゾルまたはアレスリン・マシン油エアゾルを散布し、駆除します。また、3〜11月までワタアブラムシが葉につき、吸汁することがありますが、大きな害を及ぼすことはありません。

ワタアブラムシ。大きな被害はないが気になる場合は適用のある薬剤で駆除する（写真はハイビスカスの葉裏についた様子）。

●落葉種の管理

置き場（鉢）　日当たりのよい、強い風が当たらない戸外に置きます。遅霜が降りることがあるので、天気予報などに注意して、霜のおそれがあるときには軒下や玄関先などに移動させます。開花中は、涼しく、風当たりの少ない日陰に置くと花もちがよくなります。

水やり　庭植えは雨が少なく、極端に土壌が乾燥する場合に与えます。鉢植えや今年庭に植えつけた苗木は、土壌が乾燥したら十分に水を与えます。開花中の鉢植えは、水が不足すると花がしおれてきます。なお、水やり時には、花に水がかからないように注意します。

肥料　庭植え、鉢植えともに開花が終わったら、新梢を伸ばすために、お礼肥を施します。固形の油かすや緩効性化成肥料（N-P-K=8-8-8など）を施します（70ページ参照）。なお、今年植え替えた株は、まだ根が十分に伸びていないので、肥料を施すと根が傷むため、施しません。

●常緑種の主な作業

植えつけ、植え替え　暖かくなり、今月から常緑種のタイサンボクやオガタマノキの仲間などの植えつけ、植え替えが行えるようになります。作業の適期は暑さ、寒さの厳しくない4月中旬～6月上旬までと、9月下旬～10月が適します。

作業後の鉢植えは風が当たらない半日陰から日陰に1週間程度置き、日なたに出す際は曇りの日に半日陰の場所に出し、徐々に強い日光に慣らしていきましょう。

シモクレンとレンギョウの咲く住まい。華やかな雰囲気が漂う。

剪定　作業は行いません。

病害虫の防除　落葉種に準じます。

●常緑種の管理

置き場（鉢）　落葉種の管理に準じますが、寒さに弱いオガタマノキの仲間は、4月中旬までは、寒い日には軒下や玄関などの無加温の室内に移動させます。下旬からカラタネオガタマが開花し始めます。鉢植えは、涼しい室内に入れると、甘い香りを楽しむことができます。開花中は日が当たらなくてもかまいませんが、戸外に出すときには、葉焼けを起こすことがあるので、急に強い日光に当てないように注意します。切り花にして、花瓶にさしてもよいでしょう。

水やり　落葉種の管理に準じます。

肥料　開花が終わったものには、お礼肥を施します（70ページ参照）。

5月

落葉性のモクレンの開花も一段落し、気温も上昇し、新梢がぐんぐん伸び出します。葉の出たあとに開花するホオノキやオオヤマレンゲ、常緑性で花の香りがよいカラタネオガタマは開花の最盛期を迎えます。

5月の庭の宝石、清楚な、しかし華やぎを秘めたオオバオオヤマレンゲの花。

5月のモクレン、コブシの仲間

来年の花は、今年新しく伸びた枝の先にだけつくので、この時期の生育が来年の花つきのよしあしに大きく影響します。日照も強くなり、急に気温が上昇して30℃を超すこともあるので、土壌の乾燥には注意が必要です。

●5月の重要な作業

落葉種：お礼肥、剪定
常緑種：お礼肥、植えつけ、植え替え、オガタマノキの剪定

●落葉種の主な作業

植えつけ、植え替え　葉や根が伸びて旺盛に生育している時期なので、鉢植えを庭に植えるのは、落葉後まで待ちます。

剪定　先月に行わなかった場合は、5月上旬をめどになるべく早く行います。

病害虫の防除　カイガラムシが発生することがあるので、竹べらや歯ブラシなどで削り取ります。ひどい場合は、冬期に適用のあるマシン油エアゾルまたはアレスリン・マシン油エアゾルを散布します。また、10月まで葉を巻いて新芽を食害するチャハマキが発生するので、見つけしだい、葉ごと取り除きます。ワタアブラムシにも注意します。

●落葉種の管理

置き場（鉢）　日当たりのよい戸外に置きます。開花中は、涼しく、風当たりの少ない日陰に置くと花もちがよくなります。

水やり　新梢が盛んに育つ時期です。雨も降りますが、5月中旬を過ぎると、ときに高温になることがあるので、乾燥には注意が必要です。土壌が乾いたら十分に水やりしますが、少量では土中にしみ込まないので、根の周囲の土に棒などを差し込んで、根全体に水が行き渡るようにホースなどで十分に与えます。特に春に植えつけ、植え替えをした株は、乾燥させないように気をつけます。表土が乾いて白っぽくなったころが、水やりの目安です。鉢植えは1〜2日に1回を目安に、乾いたらたっぷりと与えます。

肥料　庭植え、鉢植えともに開花が終わったら、新梢を伸ばすために、お礼肥を施します。固形の油かすや緩効性化成肥料（N-P-K＝8-8-8など）を施します（70ページ参照）。なお、今年植え替えた株は、まだ根が十分に伸びていないので肥料を施すと根が傷むため、施しません。

6月には今年伸びた枝先に来年の花になる花芽をつくり始めるので、お礼肥は開花後なるべく早く施し、5月中には終わらせます。花芽は枝の成長が止まった時期に形成されます。そのため、遅い時期の施肥は、枝の成長を続けさせてしまい、花が咲かない原因となります。

●常緑種の主な作業

植えつけ、植え替え　タイサンボクやオガタマノキなどの植えつけ、植え替えの適期です。作業は58ページを参考にしてください。この時期は気温が高くなり、土壌が乾燥するので、植えつけ後は極端に乾燥させないように水やりをしましょう。鉢植えは風が当たらない、半日陰から日陰に1週間程度置き、日なたに出す際は、曇りの日に半日陰の場所に出すなど、徐々に強い日光に慣らしていきましょう。

剪定　自然に樹形が整うので基本的には必要ありませんが、カラタネオガタマなどの4～5月に開花する種類は、枝が混みすぎている場合、花後に樹形を整える剪定ができます（64ページ参照）。

病害虫の防除　落葉種に準じます。

●常緑種の管理

置き場（鉢）　落葉種の管理に準じますが、西日の当たらない場所が適しています。開花したカラタネオガタマなどの花の香りがよい種類は、涼しい室内に置くと、香りを長く楽しむことができます。開花中は日が当たらなくてもかまいません。また、戸外に出すときには、葉焼けを起こすことがあるので、急に強い日光に当てないように注意します。

水やり　落葉種の管理に準じます。

肥料　開花が終わったものには、お礼肥を施します（70ページ参照）。

ハクモクレンとコブシの見分け方

早春のモクレンが咲く時期に、必ずといっていいほど「今咲いているのはモクレン（ハクモクレン）ですか、コブシですか」と聞かれます。

両種はほぼ同じ時期に、葉が出る前に開花するので、混同されることが多いのですが、よく観察すれば、簡単に見分けられます。

簡単に見分けるポイントは、花の咲く時期に、コブシの花のすぐ下には小さな葉が1枚ついていますが、ハクモクレンにはこの葉がないことです。

そのほかにもハクモクレンはコブシに比べて、花が大きく、花弁の幅が広く、全体にふくよかな花形です。一方のコブシは花弁が細いため、開くと花弁と花弁の間にすき間ができます。また、ハクモクレンは萼が花弁化して、全体で9枚の花弁があるように見えますが、コブシは3枚の萼が小さく花弁に見えないため、花弁は6枚です。

ハクモクレンの花の下には葉がない。

コブシの花のすぐ下には、小さな葉が１枚ある。

6月

ほとんどのモクレンの花が終わり、盛んに新梢を伸ばします。落葉性の種類の多くが6～7月には新梢（今年伸びた枝）の先に来年の花になる花芽をつくり始めます。見た目にはわかりませんが、芽の中では早くも来年の準備が始まっているのです。

開き始めたタイサンボクの花。甘く強い香りがあたりに漂う。

6月のモクレン、コブシの仲間

モクレンの開花の最後を飾るように常緑性のタイサンボクの開花が始まります。大きな白い花と強く甘い香りが長期間楽しめます。

夏が近づき、だんだんと気温も上昇し、6月中旬には梅雨に入ります。今月はさし木の適期です。難しい種類も多いのですが、いろいろと試してみるのも楽しいものです。

●6月の重要な作業

落葉種：さし木

常緑種：お礼肥、植えつけ、植え替え、オガタ

マノキの仲間の剪定、さし木

●落葉種の主な作業

植えつけ、植え替え　行いません。

剪定　行いません。

繁殖　さし木の適期です（96ページ参照）。

病害虫の防除　カイガラムシは竹べらや歯ブラシで削り取り、チャハマキに丸められた葉は、見つけしだい、取り除きます。ワタアブラムシにも注意します。

●落葉種の管理

置き場（鉢）　梅雨の晴れ間は夏のような強い日ざしなので、西日の当たらない日当たりのよい戸外に置きます。

水やり　庭植えは、雨が多くなるため必要ありません。梅雨の長雨で株元に水がたまると根腐れを起こすことがあるので、根の外側に溝を掘るなど、水がたまらないように工夫します。鉢植えは、雨が降らなければ、1〜2日に1回を目安に、乾いたらたっぷりと与えます。

肥料　施しません。遅い時期の施肥は枝を成長させ続け、花芽ができない原因となります。モクレンの仲間は肥料が少なくて花が咲かなくなる、成長が悪くなることはほとんどありません。

●常緑種の主な作業

植えつけ、植え替え　梅雨に入る前までの期間は、植えつけ、植え替えの適期です（58ページ参照）。この時期は気温が高くなり、土壌が乾燥するので、植えつけ後は極端に乾燥させないように水を与えます。鉢植えは風が当たらない、半日陰から日陰に1週間程度置き、日なたに出す際は曇りの日に半日陰の場所に出すなど、徐々に強い日光に慣らしていきます。

剪定　5月に引き続き、カラタネオガタマなどの4〜5月に開花する種類は剪定を行うことができます（64ページ参照）。剪定が遅れると、新梢の出る時期が遅くなり、花芽がつかない原因となるので、花後なるべく早く行います。

繁殖　さし木の適期です。

病害虫の防除　落葉種に準じます。

●常緑種の管理

置き場（鉢）　落葉種の管理に準じますが、梅雨の晴れ間には強い日ざしで葉焼けすることがあるので、西日の当たらない場所に置きます。

水やり　落葉種の管理に準じます。

肥料　開花の終わった株にはなるべく早くお礼肥を施します。遅れると枝の成長を続けさせ、花芽ができず、花が咲かない原因となるので、6月中には終わらせるようにします。

さし木に挑戦しよう

●適期＝落葉種／6月～7月上旬、常緑種／6～7月

市販のモクレンやオガタマノキの仲間は、コブシを台木としてつぎ木でふやされています。これは、さし木が比較的難しく、また発根するまでに時間がかかるためです。コブシはタネでふやしますが入手が難しいので、さし木を紹介します。

さし木は一般に落葉種では難しく、常緑種では容易に行える傾向があります。常緑種はその年に伸びた枝（当年枝）の十分に堅くなった部分を使います。落葉種は当年枝が堅くなる少し前にさすと成功率が上がります。

用意するもの／さし木用土（鹿沼土小粒または市販のさし木用土）、園芸用ハサミ、切り出しナイフ、平鉢。ほかにゴロ土
＊平鉢にゴロ土、用土を入れ、水を与えておく。

カラタネオガタマのさし木

さし穂の調整

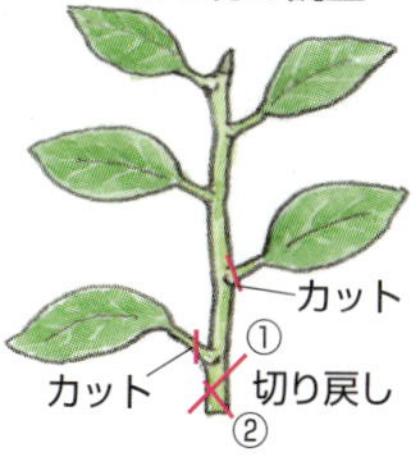

堅く、充実した当年枝を3～4節ずつに切り分け、上部の3～5枚を残して下葉を取り除く。

左上図の要領で茎をカッターなどで斜めに切り、長さを3cmほどにする。

30分ほど水あげをする。

切り口がつぶれないように、棒で穴をあけてさし穂をさす。

お互いの葉が触れ合う程度の間隔でさし、十分に水を与える。

鉢をポリ袋に入れて、日陰に置く。

● **作業後の管理**

1～2か月ほどで発根するので、涼しくなる9月に直径6cmポットに鉢上げする（107ページ参照）。

 P/JBP-S.Maruyama

7月

梅雨が明けると、強烈な太陽が照りつけ、本格的な夏がやってきます。盛んに新梢を伸ばしていたモクレンも暑さで枝の成長を止めて休眠状態になります。この時期に、花芽がつくられます。

7月のモクレン、コブシの仲間

モクレンの仲間の多くは暑さを苦手とします。特にオオヤマレンゲなどの山地に生える種類は涼しい環境を好みます。庭植えであれば、地温が上がらないようにマルチングをし、また、鉢植えは、風通しのよい、西日の当たらない場所に移動させます。

●7月の重要な作業

落葉種：さし木、暑さ対策

常緑種：タイサンボクの剪定、さし木、暑さ対策

ハクモクレンとシデコブシの交配種の植栽例（イギリス）。

●落葉種の主な作業

植えつけ、植え替え　行いません。

剪定　行いません。

繁殖　7月上旬までは先月に続いてさし木の適期です（96ページ参照）。

病害虫の防除　カイガラムシは竹べらや歯ブラシで削り取り、チャハマキが発生し、丸められた葉は、見つけしだい取り除きます。ワタアブラムシにも注意します。

●落葉種の管理

置き場（鉢）　日ざしが強いので風通しがよく、西日の当たらない、日なたに置きます。

水やり　庭植えは雨が降らず、土壌が極端に乾燥するようなら水を与えます。今年、植えつけ、植え替えた株は極端に乾かさないように注意します。水やりは、表土がぬれるだけでなく、土中までしみ込むように十分に与えます。朝や夕方の葉水は、乾燥をやわらげ、気化熱によって地温を下げる効果もあります。鉢植えは雨が降らなければ、1日1回を目安に、乾いたらたっぷりと与えます。暑い日には、鉢土が乾燥するので、朝と夕方の2回与えてもかまいません。

肥料　施しません。夏の間には葉色が薄くなったり、葉が多少よじれたりするように変形することがありますが、暑さが原因です。この時期の施肥は、枝の成長を続けさせ、花芽ができない原因となったり、根腐れを引き起こしたりします。

●常緑種の主な作業

植えつけ、植え替え　行いません。

剪定　タイサンボクは開花後に新梢が伸び、7～9月には花芽をつけます。樹形も自然にまとまるので、樹形を軽く整えるための剪定を行う場合は、花後なるべく早く、7月中に行います。

本格的に樹形を整えたり、仕立て直しなどをする場合は、蕾を切ってしまうことになりますが、10～12月、または3月中・下旬に行います。

繁殖　さし木の適期です（96ページ参照）。

病害虫の防除　落葉種に準じます。

●常緑種の管理

置き場（鉢）　落葉種の管理に準じます。

肥料　施しません。

水やり　落葉種の管理に準じます。

暑さと乾燥対策

鉢植え　夏の間、水やりの手間を省き、簡単に夏越しさせるために、水はけがよく、午前中は日の当たるような場所に、鉢土と地面の高さが同じになるように鉢を埋め込むとよいでしょう。鉢のまわりを腐葉土やバークチップなどでマルチングし、庭植えと同じように水やりを行います。涼しくなる9月下旬に掘り上げます。

庭植え　腐葉土やバークチップなどでマルチングをすることで、地温の上昇や土壌の乾燥を防ぐことができます。

鉢植え

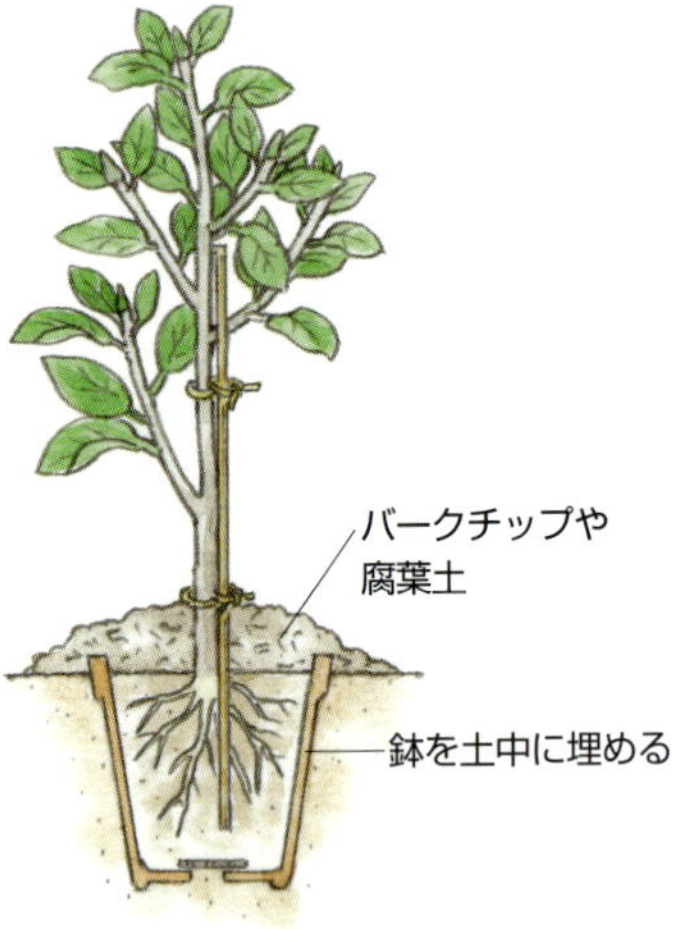

庭植え

株元を腐葉土などでマルチングする。写真はオオヤマレンゲの株元。

台負けにご注意

生産農家では、モクレンの園芸品種はつぎ木でふやします。これは、園芸品種のタネをまいても同じ品種が出ないことや、さし木が比較的難しいことによるものです。つぎ木は、台木の幹とふやしたい品種の枝の形成層を合わせて固定する切りつぎや、台木の幹にある芽を取り除いて、そこに園芸品種の切り取った芽をはめ込む芽つぎが行われます。台木は、タネでふやしたコブシが使われます。

モクレンを栽培していると、ときに根に近い部分から強い枝が伸びることがあります。観察すると、株元につぎ跡があることがわかります。そのつぎ跡の下から伸びているのは、コブシの枝です。そのままにしておくと、元の園芸品種を追い越す勢いでコブシの枝が伸びて幹となり、10年もたてば、コブシのほうが大きくなり、園芸品種の枝はだんだんと小さくなってしまいます。これを台負けといいます。明らかに台木から枝が伸びていたり、2種類の花が咲いていたりしたら、見つけしだいコブシの枝をつけ根から切り取ります。

台木のコブシ（写真右の幹）が大きく育ってしまった台負けの園芸品種。

台負け株の開花の様子。コブシと園芸品種が咲いている。

8月

夏真っ盛り。人間にも植物にも過酷な季節です。モクレンの仲間は休眠状態ですが、翌年開花する花芽をつくったり、果実を実らせたり、生育期に向けた活動を続けています。暑さや台風による被害を防ぐ対策を施しましょう。

枝先に来年開花する小さな蕾が見える園芸品種'金寿'。

8月のモクレン、コブシの仲間

1年で最も暑く、土壌も乾燥する月です。暑いなかでも、今年伸びた枝先では花芽が育ち始めて、来月には小さな蕾が見えるようになります。拳のような奇妙な形の果実も大きくなり、だんだんと色づき始めます。今年植えた苗木も今月の暑さを乗りきればひと安心です。暑さ対策や水やりをしっかりと行いましょう。

●8月の重要な作業

落葉種：暑さ対策、台風対策
常緑種：暑さ対策、台風対策

●落葉種の主な作業

植えつけ、植え替え　行いません。

剪定　行いません。

暑さ対策　7月の項（100ページ）を参考にして、暑さ対策を行います。

台風対策　苗木の場合は、根が十分に張っていない場合があるので、支柱などをしっかりと立てます。台風で根鉢ごと倒れた場合は、まっすぐに立て直します。この場合、根が切れてしまうので、掘り上げずに、土の中で根鉢を動かして覆土します。植え直したあとには、乾燥を防ぐために、腐葉土などでマルチングするとよいでしょう。枝が折れた場合は、枝がぶら下がっていれば、折れた面どうしを確実に密着させて、動かないようにテープなどで固定すると、1～2か月で癒合することがあります。完全に折れてしまった場合は、残っている枝の一番上の芽の上1cm程度のところで切り戻します。

病害虫の防除　カイガラムシは竹べらや歯ブラシで削り取り、チャハマキが発生した丸められた葉は、見つけしだい、取り除きます。ワタアブラムシも見られます。

●落葉種の管理

置き場（鉢）　日ざしが強いので、午前中に日が当たるような場所または半日陰に置きます。すでに花芽はできているので、この時期以降の日照の不足は花芽形成に影響しません。

水やり　庭植えは、雨が降らない場合、土壌が極端に乾燥するようなら、表土がぬれるだけでなく、土中までしみ込むように十分に与えます。今年植えつけ、植え替えた株は乾かさないように注意します。朝や夕方の葉水は、乾燥をやわらげ、気化熱によって地温を下げる効果もあります。

鉢植えは、環境にもよりますが、朝と夕方の1日2回を目安に、たっぷりと与えます。水が不足すると、枯れないまでもすべての葉が落ちることがあります。

肥料　施しません。暑さのために、夏の間には葉色が薄くなったり、葉が多少よじれたように変形したりすることがありますが、肥料が足りないことが原因ではありません。

●常緑種の主な作業

植えつけ、植え替え　行いません。

剪定　行いません。

暑さ対策、台風対策　落葉種に準じます。

病害虫の防除　落葉種に準じます。

●常緑種の管理

置き場（鉢）　落葉種の管理に準じます。

水やり　落葉種の管理に準じます。

肥料　施しません。

モクレンの多彩な花形

チューリップ、スイレン、ボール状……モクレンの花形は多彩です。主な花形を紹介します。

ボール状　園芸品種'サヨナラ'の開花間近のふっくらとした蕾（39ページ参照）。

スイレン形　開き始めたキャンベリイの園芸品種。カップ&ソーサーのような形からスイレン形になる（40ページ参照）。

チューリップ形　黄花の園芸品種'イエロー・バード'。まるでチューリップのような形で平開しない（38ページ参照）。

キク咲き　欧米で'Kikuzaki'として知られるシデコブシの園芸品種。花弁数が多く、キクのようにも見える。

徒長枝の剪定

モクレンの仲間は、ときに枝や幹から、地面に対して垂直に伸びる徒長枝が出ることがあります。これは新しい幹をつくろうとするためだと考えられ、枝や幹の生育が弱った場合によく見られます。樹高を低くするために、強剪定をして仕立て直しをしたときに出てくる枝も徒長枝で、これを育てて新しい幹をつくります。

徒長枝は短期間で非常に長く伸びるため、放置するとほかの枝に日が当たらなくなり、生育を阻害することがあります。また、徒長枝にはほとんど花を咲かせません。このため、見つけしだい、つけ根から切り除きます。太くなってしまった場合はノコギリで切り、細菌による腐敗を防ぐために切り口には癒合剤を塗っておきます。

冬の剪定時には樹形がわかりやすいので、毎年確認するとよいでしょう。

徒長枝には花が咲かないので、見つけた時点で剪定すると、ほかの枝にも日がさし、枝が充実する。わかりにくい場合は花後の剪定時につけ根から切り取る。

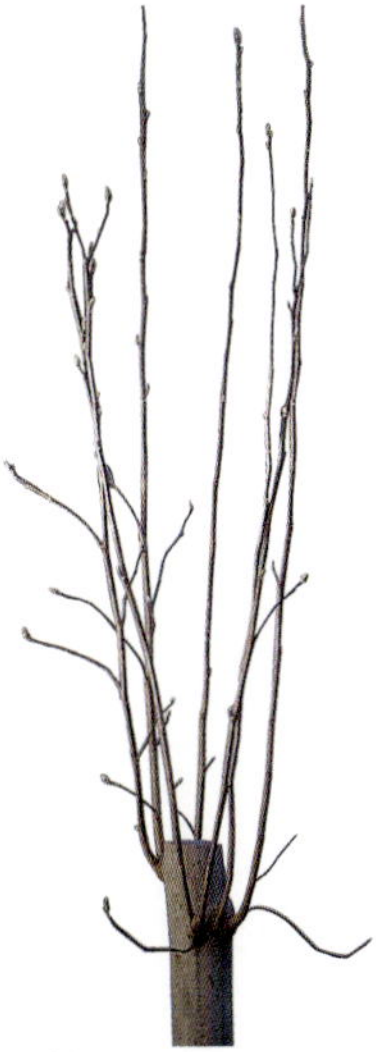

JBP-S.Maruyama

モクレンの枝の出方。仕立て直しをするために幹を切ると、垂直な枝が何本も伸びてくる。これも徒長枝の一種。

9月

モクレンの仲間にとって一番厳しい夏が過ぎましたが、9月中旬までは残暑が続きます。年によっては引き続き暑さ対策が必要となります。秋の気配が感じられる中旬には蕾が目立つようになります。これからは、枝や幹、蕾が充実する時期です。

ハクモクレンの果実。一見、虫こぶのようにも見えるユニークな形。

9月のモクレン、コブシの仲間

台風や暑さ、極端な乾燥によって落葉すると、9月に返り咲きをすることがあります。1年に1回しか花芽はつくられないので、返り咲きした枝には春には花がつきません。しかし、すべての蕾がこの時期に咲くことはないようです。

これからの作業は、木を充実させ、来春に花を咲かせる蕾をしっかりと育てることに重点を置きます。

●9月の重要な作業

落葉種：暑さ対策、台風対策、さし木苗の鉢上げ

常緑種：植えつけ、植え替え、暑さ対策、台風対策、さし木苗の鉢上げ

●落葉種の主な作業

植えつけ、植え替え　行いません。

剪定　行いません。

さし木苗の鉢上げ　6～7月にさし木をし、発根したものは、暑さが一段落した9月下旬に直径6㎝のポットに鉢上げします。鉢を入れておいたポリ袋を開けて、そっと枝を動かしてみます。発根していれば、土の中でひっかかった感じがするので、鉢上げができます。なお、発根していない場合は10月末まで様子を見ましょう。

鉢上げ用土は赤玉土小粒8、腐葉土2を配合した培養土を用い、根を切らないようにていねいに植えつけ、鉢底から水が流れ出るまで十分に水やりします。春まで強い風や直射日光の当たらない明るい日陰の軒下などに置きます。

暑さ対策　7月の項（100ページ）を参考にして、暑さ対策を行います。庭に埋めた鉢は、涼しくなる下旬には掘り出して、通常の管理に戻します。

台風対策　先月に引き続いて、警戒が必要です。作業方法は8月の項（103ページ）を参考にしてください。

病害虫の防除　カイガラムシは竹べらや歯ブラシで削り取り、チャハマキが発生して丸められた葉は、見つけしだい、取り除きます。ワタアブラムシにも注意します。

●落葉種の管理

置き場（鉢）　9月中旬までは、日ざしが強いので、午前中に日が当たるような場所または半日陰に置きます。涼しくなる下旬には、十分に日に当てて育てます。

水やり　庭植えは、下旬まで暑さが続くので、雨が降らない場合、土壌が極端に乾燥するようなら、土中までしみ込むように十分に水を与えます。今年植えつけ、植え替えた株は乾かさないように注意します。朝や夕方の葉水は、乾燥をやわらげ、気化熱によって地温を下げる効果もあります。鉢植えは、環境にもよりますが、朝と夕方の1日2回を目安に、たっぷりと与えます。水が不足すると、枯れないまでもすべての葉が落ちることがあります。

肥料　施しません。

●常緑種の主な作業

植えつけ、植え替え　涼しくなる9月下旬から、庭への植えつけ、鉢の植え替えを行うことができます（58ページ参照）。下旬でも高温が続くようであれば、10月に作業を行ったほうが無難です。気温が高くなる日があると、土壌が乾燥するので、植えつけ後は極端に乾燥させないように水やりなどの管理を行います。植え替えた鉢は風が当たらない、半日陰から日陰に1週間程度置き、日なたに出す際は曇りの日に半日陰の場所に出すなど、徐々に強い日光に慣らしていきましょう。

剪定　行いません。

さし木苗の鉢上げ　落葉種に準じます。

暑さ対策　落葉種に準じます。

台風対策　落葉種に準じます。

病害虫の防除　落葉種に準じます。

●常緑種の管理

置き場（鉢）　落葉種の管理に準じます。

水やり　落葉種の管理に準じます。

肥料　施しません。

タネまきに挑戦

自生地でとった野生種のタネであれば同じ種類がふやせますが、栽培されているモクレンはほかの種類と交雑している可能性があり、また園芸品種は多くの種類を交配して作出するので、親と同じ種類はできません。新しい自分だけのモクレンをつくる楽しみはありますが、つぎ木やさし木よりも開花までに年数がかかります（近年のアメリカでの交配記録では10年以内）。

タネのまき方

①果実が割れてタネがのぞいてから、1か月ほどの間に採取する。落ちたタネも発芽する。
②水洗いし、種皮と果肉を完全に取り除く。
③下図の要領でまく。
④十分に水を与え、戸外に置く。
＊作業後の管理　乾きすぎないように管理する。気温20℃で30～40日ほどで発芽するが、遅れるタネもあるので、半年間は捨てずに様子を見る。発芽後、本葉が4枚ほど展開したら鉢上げする。
＊タネを春まで保存する場合　きれいに果肉を取り除いたタネを湿らせた水ゴケやティッシュペーパーなどで包み、チャックつき保存袋などに入れ、冷蔵庫の野菜室で保存する。

コブシのタネ。

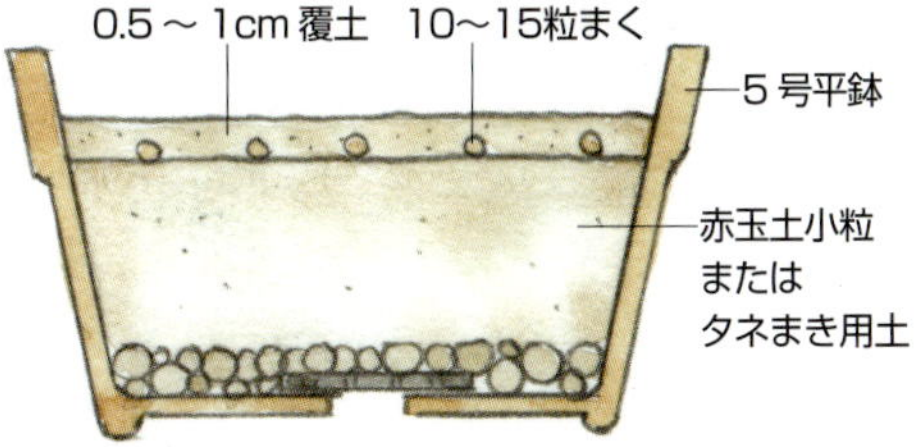

9月

10月

涼しくなり、モクレンの生育に適した季節となります。十分に日光に当てて、充実した株に育てましょう。9月に続いて常緑種の植えつけや植え替えができます。冬までに十分に根を張らせるために、なるべく早い時期に行います。春に購入し、鉢で育てていた株を庭へ植えつけるのもよいでしょう。

植えつけから15年、ほとんど剪定していないタイサンボク'リトル・ジェム'。樹形は自然に整っている。

10月のモクレン、コブシの仲間

9月下旬から、赤熟したタネが糸でぶら下がっている様子（12ページ参照）を観察できます。

●10月の重要な作業

落葉種：若木、鉢植えへの施肥

常緑種：植えつけ、植え替え、タイサンボクの剪定

●落葉種の主な作業

植えつけ、植え替え、剪定　行いません。

さし木苗の鉢上げ　発根したさし木苗を9月に鉢上げしなかった場合は、今月中に行います。

病害虫の防除　今月までチャハマキが発生するので丸められた葉は取り除きます。カイガラムシは竹べらや歯ブラシで削り取ります。

●落葉種の管理

置き場（鉢）　十分日の当たる場所に置きます。

水やり　庭植えは雨が少なく、土壌が極端に乾燥する場合はたっぷりと与えます。今年植えつけ、植え替えた株は、極端に乾燥させないように土壌が白っぽくなったら与えます。鉢植えは、1〜2日に1回を目安に、たっぷりと与えます。

肥料　庭植えの若木や鉢植えに固形の油かすや緩効性化成肥料（N-P-K=8-8-8など）を少なめに、規定量の⅓〜½量程度、10月上旬に施します。成木には必要ありません。

●常緑種の主な作業

植えつけ、植え替え　庭への植えつけ、鉢植えの植え替えができます（58ページ参照）。植えつけ後は極端に乾燥させないようにします。鉢植えは風が当たらない半日陰から日陰に1週間程度置き、その後、徐々に日光に慣らします。

剪定　タイサンボクは自然に樹形が整い、ほとんど剪定の必要はありませんが、伸びすぎた枝などを剪定することができます。すでに蕾が見えてくるので、蕾がついていない枝を選んで、重なった枝や徒長枝をつけ根から切り取るように剪定します。強剪定は、厳寒期を避けて10〜12月、または3月中・下旬に行います（仕立て直しは67ページ参照）。

さし木苗の鉢上げ　落葉種に準じます。

病害虫の防除　落葉種に準じます。

●常緑種の管理

置き場（鉢）　落葉種の管理に準じます。

水やり　落葉種の管理に準じます。

肥料　施しません。

11月

晩秋を迎え、株は充実し、蕾をつけています。落葉性、常緑性ともに休眠に入ります。本格的な寒さがくる前に、寒さに弱い種類は冬越しの準備を行いましょう。

葉の色が徐々に緑から黄色になる。

11月のモクレン、コブシの仲間

冬が近づき、木々も紅葉から落葉へと姿を変えていきます。コブシやハクモクレンなどの落葉性のモクレンも、美しく黄葉します。

コブシやハクモクレンなど落葉性のモクレンの蕾は十分に発達して大きくなり、枝も充実した状態で冬の休眠期を迎えます。下旬には防寒の作業を行います。

●11月の重要な作業

落葉種：植えつけ、剪定

常緑種：タイサンボクの剪定、防寒

●落葉種の主な作業

植えつけ、植え替え　落葉後に行えます（58ページ参照）。

剪定　落葉後、3月までに行います（64ページ参照）。

病害虫の防除　特にありません。

●落葉種の管理

置き場（鉢）　十分日が当たる場所に置きます。

水やり　ほとんど必要ありません。苗木の場合、土壌が極端に乾燥するときには、たっぷりと与えます。鉢植えは、1週間に1回が目安です。

肥料　施しません。

●常緑種の主な作業

植えつけ、植え替え　行いません。

剪定　10月に続き、タイサンボクの剪定が行えます（64ページ参照）。

病害虫の防除　特にありません。

防寒（庭植え）　今月下旬には、オガタマノキなどの寒さに弱い種類に寒さ対策を施します。太平洋側の地域では、乾燥した冷たい風が吹き、葉や蕾を傷めるので、支柱を立て、側面に寒冷紗を巻きつけて風を防ぎます。株が小さければ、アサガオの誘引に使うあんどん支柱を使ってもよいでしょう（77ページ参照）。また、バークチップや腐葉土などを根のまわりに5㎝ほどの厚さで敷き詰めるマルチングを行います。

●常緑種の管理

置き場（鉢）　寒風の当たらない、日当たりのよい場所に置きます。寒さに弱い種類は11月下旬には軒下や玄関先などに移します。

水やり　落葉種に準じますが、鉢植えのオガタマノキなどの寒さに弱い種類は、鉢土が乾燥したら暖かい日の午前中にたっぷりと与えます。

肥料　施しません。

12 月

ふくらんだモクレンの蕾が冬の日に輝いています。春を待つ庭木の姿は凛としたたたずまいで印象的です。寒さに弱い常緑性のモクレンの仲間は防寒に努め、春を待ちましょう。

オガタマノキの園芸品種‘シルバー・クラウド’の蕾。12 月にははっきりわかるほど大きくなっている。

12月のモクレン、コブシの仲間

冬が訪れ、モクレンも休眠期に入ります。この時期の低温は春の開花に必要なものです。ある程度の期間、低温にあわないと蕾は開きません。太平洋側では乾燥した冷たい風が吹き、日本海側では本格的な雪の季節となります。防寒や雪害対策を万全にして、冬越しさせましょう。

●12月の重要な作業

落葉種：寒肥、植えつけ、剪定、防寒

常緑種：寒肥、タイサンボクの剪定、防寒、雪害対策

●落葉種の主な作業

植えつけ、植え替え　58ページの要領で行います。晴天が続き、土壌が乾燥するので、植えつけ後の水やりを十分に行い、またその後も極端に乾燥させないように管理します。

剪定　休眠期で、落葉して樹形もわかりやすいので、剪定の適期です（64、116ページ参照）。

病害虫の防除　特にありません。

防寒（庭植え）　バークチップや腐葉土などを根のまわりに5㎝ほどの厚さで敷き詰めるマルチングを行います（80ページ参照）。

●落葉種の管理

置き場（鉢）　十分日の当たる場所に置きます。

水やり　庭植えはほとんど必要ありません。庭植えの若木は、雨が少なく、土壌が極端に乾燥する場合には、たっぷりと与えます。鉢植えは、1週間に1回程度を目安に乾いたらたっぷりと与えます。

肥料　寒肥を施します（70ページ参照）。

●常緑種の主な作業

植えつけ、植え替え　行いません。

剪定　厳寒期はタイサンボクなど常緑種の剪定作業はできないので、12月中に作業を行います（64ページ参照）。

病害虫の防除　特にありません。

防寒（庭植え）　寒さに弱い種類には、寒冷紗を巻きつけて寒風を防ぎます（77ページ参照）。また、バークチップや腐葉土などを根のまわりに5㎝ほどの厚さで敷き詰めるマルチングを、今月上旬までに行います（80ページ参照）。

雪害対策　雪の多い地域では、乾燥による傷みは少ないのですが、雪の上に出ている枝の凍害、雪の重さによる枝折れが起こります。寒冷紗を株に巻きつけるか、枝を3～4か所ひもで束ねるだけでも積雪による枝折れを防ぐことができます（81ページ参照）。

●常緑種の管理

置き場（鉢）　寒風の当たらない、日当たりのよい場所に置きます。寒さに弱い種類は軒下などに移して、寒さに当てないようにします。

水やり　落葉種に準じますが、オガタマノキなどの寒さに弱い種類は、土が乾燥したら暖かい日の午前中にたっぷりと与えます。

肥料　寒肥を施します（70ページ参照）。

剪定の基本

重なり枝、内向きの枝（樹冠の内側向きの枝）、徒長枝や弱小枝を剪定します（詳しくは 64 ページ参照）。

重なり枝ⓐや内向きの枝ⓑが見えるハクモクレン。

重なり枝、内向きの枝を切り取った。

モクレン栽培Q&A

モクレンの栽培に関する質問のほとんどは、花が咲かないこと、および大きく育ちすぎた木をどうやって小さくするのかということです。
　ここでは、その代表的な質問に加え、栽培や楽しみ方の参考になる質問を取り上げて、わかりやすくお答えします。

初夏の庭で、清楚でしかも華やかな大輪の花を咲かせるオオバオオヤマレンゲ。

JBP-A.Tokue

Q　5m以上の大きさに育ったのに花が咲かない。

モクレンが5m以上の大きさに育っているのに葉ばかり茂って花が咲きません。剪定もしていないのになぜでしょうか。買ったとき、ラベルはついていませんでした。

A　タネでふやした野生種や一部の園芸品種でも10年以上咲かない場合がある。信頼できる園芸店でラベルつきの苗木を購入しよう。

モクレンは、優良な品種が生産者によってつぎ木でふやされて販売されています。このような株には品種名の書かれたラベルがつけられています。通常は花芽つきですぐに花が楽しめるか、数年で開花しますが、なかにはタネでふやされたコブシなどの野生種や、品種名のわからない苗が販売されることがあります。

タネでふやしたコブシなどの野生種の場合は、親種と同じ種類ですが、なかにはなかなか花が咲かない株があります。また園芸品種の場合でも、10年以上も花が咲かない種類があります。日が当たる環境で、葉も茂って健全に育ち、剪定をしないか、適期に行っているとすれば、育てているモクレン自体に原因があると考えられます。このような場合は、せっかく育っているのですが、処分して品種名の確実な苗を、信頼できる園芸店で購入するほうがよいでしょう。

Q　2~3年は咲いていたが、5年目くらいから花が咲かなくなった。蕾もつかない。

植えつけてから2~3年はよく咲きましたが、5年目ぐらいからはまったく咲かなくなりました。どうしてでしょうか?

A　栽培環境の変化か、剪定の問題。

最初は咲いていたので、植えた当初の

環境はモクレンに適していたはずです。なぜ咲かなくなったのかは、いくつかの原因が考えられます。環境や管理方法を見直してみましょう。

土壌　砂地などの非常に水はけのよい土壌でモクレンを育てていると、葉が小さくなったり、花が咲かなくなったりと、だんだんと生育が悪くなってきます。モクレンはある程度の湿り気のある土壌を好むので、砂地に植えつけるときは、黒土や赤土を客土し、腐葉土を3割ほど混ぜて、土壌改良をします。すでに植えつけてある場合には、根のまわりを掘って土を入れ替えたり、腐葉土を多めに投入して、土壌改良を行います。また根のまわりを腐葉土やバークチップなどでマルチングすると乾燥防止にもなり、効果があります。

日照条件　モクレンを植えると数年で樹高が高くなり、横枝も張ってきます。そのために周囲の樹木や建物の陰になり、十分に日が当たらなくなってはいないでしょうか。ほとんどの種類は十分に日に当てて育てないと花芽がつきません。モクレンだけではなく、周囲の樹木も含めて剪定をして日が当たるようにします。

剪定の時期　モクレンが開花しない一番の原因は剪定にあるようです。モクレンは比較的大きく育つ種類が多いので、定期的に剪定を行っている人も多いと思います。多くのモクレンは春に枝を伸ばし、夏にその枝先に花芽ができて、秋に充実し、冬の寒さに当たり、春に開花します。この生育サイクルを知ったうえで、剪定を行いましょう。具体的には、花後すぐ、または冬に花芽を切らないようにして行います。これ以外の時期に行うと、花芽をつける枝や、せっかくできた花芽を切ってしまうことになります。64ページを参考に作業を行ってください。

Q 蕾が毎年鳥に食べられてしまい、花が咲かない。

鳥に食べられないようにする簡単な方法はないでしょうか?

A 釣り糸（テグス）を張るとよい。

モクレンの蕾が大きくなる時期にヒヨドリが蜜を吸いにきて、蕾に穴をあけてしまうことがあります。小さい木であれば、全体に寒冷紗を巻きつけるなどして対処できますが、作業中に蕾が落ちてしまう、せっかくの花が観賞できないなどの難点があります。数か所の枝に透明な釣り糸（テグス）をぴんと張り渡しておくと効果があります。

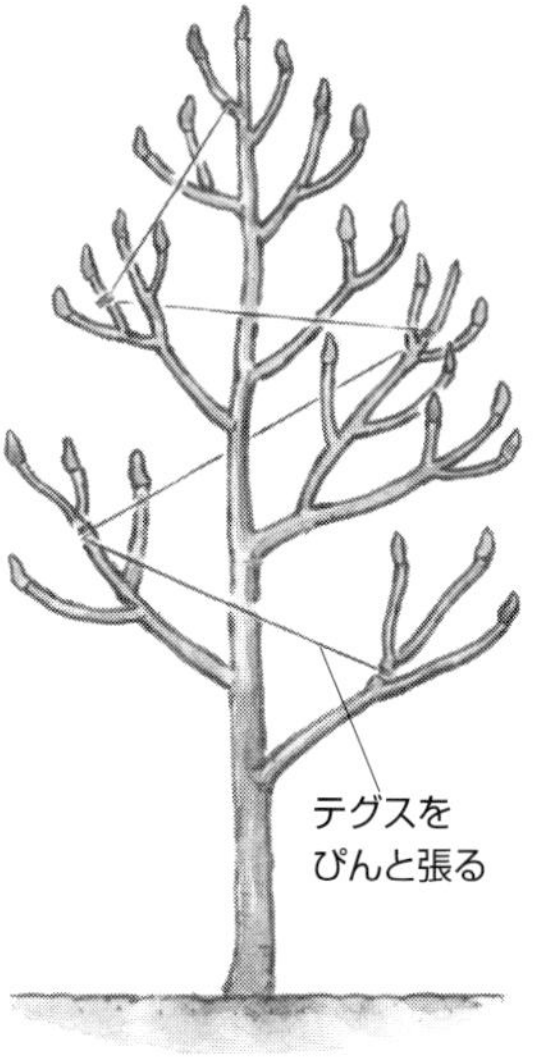

Q モクレンの木を小さくしたい。方法は?

モクレンが大きくなり、ほかの植物の育ちが悪くなりました。剪定で小さくできますか?

A 若木のうちから定期的に剪定する。

本来大きく育つ種類のモクレンを小さくする、あるいは鉢で栽培するためには、定期的な剪定が必要になります。強剪定によって仕立て直しをすると、樹形ができて花を咲かせるまでに時間がかかるので、なるべく若木のうちから定期的に剪定するのがよいでしょう。また、これから植える人は庭のスペースに合った大きさに育つモクレンを選ぶことが肝要です（仕立て直しは67ページ参照）。

Q シモクレンをコンパクトに保つ剪定のコツは？

シモクレンを植えたいのですが、庭が狭いので、コンパクトな樹形を保ちながら、たくさん咲かせることはできますか？

A 花後なるべく早く剪定する。

シモクレンはそう大きくなりませんが、狭いスペースで育てるには、毎年、適切に剪定する必要があります。春の花後なるべく早い時期に好みの大きさになるように剪定します。あまり強く剪定すると花つきが悪くなるので、毎年伸びた分を切り戻すくらいがよいでしょう。すぐに残った枝のわき芽から新梢が伸び始め、夏まで成長し、その枝先に花芽をつくります。

冬期の11～2月の落葉期の剪定は、すでに花芽ができているので、重なった枝や内側の混みすぎた枝をすくように剪定するとよいでしょう（116ページ参照）。

Q モクレンが大きくなりすぎた。コンパクトに仕立て直しできる？

庭のモクレンが大きくなり、花壇を覆いつくすようになりました。樹高、葉張りとも5ｍを超えました。剪定で小さく仕立て直すことはできますか？　いつ剪定すればいいのでしょう。

A 地面から1.2～1.5ｍほどの高さで幹を切る。

5ｍほどの樹高であれば、大きくなったモクレンを剪定によって小さくすることはできますが、花が咲き、樹形がよくなるまでは数年を要します。方法は、地面から1.2～1.5ｍほどの高さで幹を切ります。それより下の部分に枝があれば、その枝も基部から数芽を残して剪定します。時期は樹形がわかる落葉期の11～2月がよいでしょう。春には幹や残した枝から複数の枝がまっすぐに伸びてきます。この枝から、将来の樹形を考えて、育ちのよい枝を数本残し、そのほかの枝は基部から切り除きます。数年かけて、これらが太くなったら、好みの高さで芯を止めます。これで新しい幹ができるので、そこから枝が出て、だんだんとモクレンの樹形が整ってきます（67ページ参照）。

Q　ハクモクレンを鉢植えで楽しめる？

ハクモクレンを育てたいのですが、鉢植えできますか。

A　長期間の維持は難しい。

ハクモクレンは庭で育てると10年で5mほどの大きさになります。そのため、苗木から数年は鉢植えで楽しむことはできますが、本来大きく育ち、幹も太くなるので長期にわたって鉢植えで育てることは難しいといえます。

鉢で栽培する場合は、苗木を植えて数年はそのまま育てますが、大きくなってきたら、幹を鉢の大きさに見合う高さで強剪定（67ページ参照）します。幹から細い枝が出るので、太い枝を数本選んでそのほかは基部から切り、残った枝を育てれば、長期間鉢植えとして観賞することができます。ただし、こうしたやり方は10号鉢（口径30㎝）以上の大きな鉢が必要で、剪定後は2年ほど花がつかず、樹形も悪くなるので、22ページを参考に鉢での栽培が可能な小型種を選ぶことをおすすめします。

Q　ベランダの大鉢の植え替えは？

口径50㎝ほどのコンテナにシデコブシを植え、ベランダに置いています。木も大きくなり、

3年以上植えていませんが、用土を全部取り替える植え替えは必要ですか。また、何年間隔で植え替えますか?

A 2～3年に1回は植え替える。

モクレンは太い根の数が少なく、水分や養分を吸収する細根も少なめで細いために、大株の移植が難しい花木です。シデコブシは庭植えでも樹高2～3m程度に収まる小型の種類で、鉢栽培にも適しています。しかし、販売されているシデコブシはつぎ木でふやされているため、根は台木のコブシのものです。コブシも成木では根が粗いのですが、若木のうちは細い根が多数出ます。50㎝の大きさのコンテナでしたら、大きさは十分ですが、2～3年に1回の植え替えをおすすめします。水の通りが悪い、葉が小さくなった、葉色が薄くなった、花が咲かないなどの症状は根詰まりを起こしていると考えられます。そうなる前に掘り上げて、ハサミで古い根を切って整理し、植え直します。なお、10号鉢ぐらいまでの鉢植えは、1～2年ごとの植え替えが必要です。

Q 寒さの厳しい太平洋側の地域に適するモクレンは?

モクレンの花は霜に弱い、常緑種は寒さに弱いと聞きますが、北関東の降霜地帯でも栽培可能な種類にはどんなものがあるでしょう。

A 地域で栽培される種類を観察して判断。

日本に自生している種類も多く、園芸品種の多くも日本原産種や広く栽培されている種類が交配親になっています。そのため、落葉種は寒冷地で栽培できる種類が多くあります。

育てる環境や標高によって異なるので、常緑種がどこで栽培できるかを答えるのは難しいのですが、オガタマノキの仲間は北関東では戸外での栽培ができません。筆者の経験ではウンナンオガタマは群馬県でも栽培できましたが、寒さで枯れ込んで、花も咲きませんでした。寒冷地ではオガタマノキの仲間は庭での栽培は難しいようです。タイサンボクは東北地方南部でも栽培できますが、標高や栽培条件が大きく影響します。なお、霜によって花が傷むか、栽培できるかを確実に知る一番の方法は、地域の庭や公園などに植えられているモクレンの仲間を観察することです。最近は栽培される種類もふえているので、どの種類が咲いているかを知れば、その地域に合う種類がわかります。北関東であれば、遅咲きのガールマグノリア、シモクレン、オオヤマレンゲなどは寒さに強く、栽培に適しています。

Q 苗選びの注意点は?

園芸店で根巻きや鉢植えの苗が販売されていますが、購入時の注意点を教えてください。

A ラベル、花芽つきの健全な苗を選ぶ。

年末から4月にかけて、モクレンの苗木が販売されます。苗のよしあしは初期の生育に大きく影響し、また植える場所によって適切な品種を選択する必要があるので、購入時には以下の点を確認するようにしましょう。通信販売を利用する場合は、信頼できる園芸会社などで購入することをおすすめします。

①品種名のラベルがついている　大きさや花色などを確認するために、必ずラベルのついた苗を選びます。単に黄色や赤など花色だけが書いてあるものは避けます。

②蕾がついている苗　販売されている苗は通常つぎ木でふやされており、苗のうちから開花し

ます。蕾つきの苗であれば、生育状態もよく、小苗のうちから開花することが保証されています。葉芽に比べて、大きくふくらんでいるのが花芽（蕾）です。

③病害虫に侵されていない　販売される時期には落葉種では葉が出ていませんが、幹や枝にカイガラムシがついていないか確認しましょう。そのほか、病気や害虫に侵された形跡のあるものは避けます。

④小さすぎる鉢に植わっているものは避ける

モクレンは、タネでふやされた露地植えのコブシを鉢上げし、そのコブシを台木にしてつぎ木されます。このため、地上部が大きく、鉢が倒れてしまうようなバランスの悪い株は、根鉢が小さすぎる場合があります。このような苗は根が少なく、活着や植えつけ後の生育が悪く、植えつけ後も倒れてしまうことがあります。

Q モクレンの下草は何がいいですか？

モクレンが庭に植わっていますが、モクレンと同じ時期に咲く低木や宿根草で、モクレンの下草になるものはどんな種類でしょう。

A モクレンを引き立てる種類を選ぶ。

モクレンは種類によって開花期が異なりますが、3月中・下旬～4月に咲く種類がほとんどです。下草を選ぶときには、モクレンの花を引き立てる種類を選ぶとよいでしょう。

庭木、花木　モクレンよりも大きくならないことはもちろんですが、ほうき状に立ち上がったり、株が広がったりと樹形がモクレンと異なる、花色がモクレンと異なる、観賞できる時期が長く葉色が緑ではない種類を選びます。そのような条件を満たしていても、早咲きのバラやシャクナゲなど、同時期に咲き、花の存在感の大きい花木を一緒に植えるのは避けたほうがよいでしょう。レンギョウやエニシダ、ヒュウガミズキ、ニワウメ、ジューンベリー、ピンクの花のユキヤナギ、黄金葉のシモツケ、小型のハナモモなどはモクレンと一緒に植えるのに適した花木です。また、葉色の濃い針葉樹を背景に使うと、葉の出る前に開花するモクレンの花がいっそう引き立ちます（45ページ参照）。

草花　モクレンの株元は日陰になることも多いため、スノードロップ、小型スイセンのバルボコディウム（原種）や'テータテート'などの鮮やかな黄色の花の種類、クリスマスローズ、花色が紫青色のムスカリ、クロッカス、原種チューリップのクリサンタやグレイギーなどの園芸品種、ヒマラヤユキノシタなどを群植するとよいでしょう。また、クサソテツなどのやわらかい感じのシダもアクセントとして適します。

Q 庭のタイサンボクの葉で腐葉土はできる?

タイサンボクが大きくなり、毎年、多量の葉が落ちます。これは腐葉土の材料になりますか?

A できない。

タイサンボクは花も葉も美しく、人気の高い常緑樹です。しかし、春から大量に古い葉を落とします。葉は厚みがあり、細かくしてもほとんど腐らないため、腐葉土の材料としては使えません。これは日本だけではなく、ヨーロッパでも質問されるようですが、花と葉の観賞価値が高いのでそれでよしとし、落ちた葉は片づけましょうという回答が一般的です。

ショップガイド　モクレンの仲間の苗木を入手するには

　モクレンの苗木は、冬からつぎ木のポット苗、あるいは根巻き苗がガーデンセンターに出回ります。ラベルや蕾の有無を確認して好みの品種を購入しましょう。一般につぎ木１年生苗は蕾はついていませんが、２～３年生苗では蕾がついている場合が少なくありません。また、早春には花つきの苗も出回るので、花を確認して選ぶこともできます。

　インターネットや通信販売で好みの品種を見つけ、購入することも簡単です。ガーデンセンターに欲しい種類や品種がない場合は、インターネットで探しましょう。

通信販売を行う主な種苗会社

株式会社改良園

〒333-8601　埼玉県川口市神戸123
☎048-296-1174
http://www.kairyoen.co.jp

株式会社サカタのタネ　通信販売部

〒224-0041　神奈川県横浜市都筑区仲町台2-7-1
☎045-945-8824
http://sakata-netshop.com

タキイ種苗株式会社　通販係

〒600-8686　京都府京都市下京区梅小路通猪熊東入
☎075-365-0140
http://shop.takii.co.jp/

倉重祐二（くらしげ・ゆうじ）

1961年、神奈川県横浜市生まれ。千葉大学大学院園芸学研究科修了。赤城自然園（群馬県）を経て、現在は新潟県立植物園副園長。ツツジ属の栽培保全や系統進化、花卉園芸文化史を専門とする。花木全般に造詣が深く、『NHK趣味の園芸 よくわかる栽培12か月 シャクナゲ』ほか著書多数。

参考文献

D. Callaway (1994) *The World of Magnolias*. Timber Press.
D. Hunt (ed.) (1998) *Magnolias and Their Allies*. International Dendrology Society and The Magnolia Society.
J. Gardiner (2000) *Magnolias: A Gardener's Guide*. Timber Press.

デザイン
海象社
イラスト
常葉桃子（しかのるーむ）
写真撮影
丸山 滋
伊藤善規　今井秀治　上林徳寛
Sayaka　筒井雅之　徳江彰彦
牧 稔人
写真提供、撮影協力
新潟県立植物園
James M. Gardiner
(Royal Horticultural Society)
安田博武（徳島県立城西高等学校）
林 寛子（新潟県立植物園）
久原康雅（新潟県立植物園）
草間祐輔
佐藤絹枝
安城産業文化公園デンパーク
アンディ&ウィリアムス ボタニック ガーデン
京王フローラルガーデン アンジェ
国立科学博物館 筑波実験植物園
しばみち本店
日本植木協会 新樹種部会
校正
安藤幹江
編集協力
うすだまさえ

NHK趣味の園芸
よくわかる栽培12か月
モクレン、コブシの仲間

2014（平成26）年 3月15日　第 1 刷発行

著　者　倉重祐二
©2014 Yuji Kurashige
発行者　溝口明秀
発行所　NHK出版
〒150-8081　東京都渋谷区宇田川町41-1
TEL 03-3780-3312（編集）
0570-000-321（販売）
ホームページ　http://www.nhk-book.co.jp
振替　00110-1-49701
印　刷　凸版印刷株式会社
製　本　凸版印刷株式会社

ISBN978-4-14-040267-2 C2361
Printed in Japan
落丁・乱丁本はお取り替えいたします。
定価はカバーに表示してあります。